EXPLORATEURS
DE TOUS LES TEMPS

Suroît et moufle
en peau de phoque
d'une expédition dans
l'Arctique de 1875 à 1876

Pousse et écorce
de *Cinchona,* dont
on extrait la quinine

Gobelet inca ayant appartenu
à Francisco Pizarro

Le capitaine
Meriwether Lewis

Doublons espagnols
en or d'Amérique latine

Papillon rapporté
d'Australie par
Joseph Banks

EXPLORATEURS
DE TOUS LES TEMPS

Ruppert Matthews

en association avec le National Maritime Museum, Londres

Photographies originales de Barrie Cash, Tina Chambers, Keith Percival
et James Stevenson du National Maritime Museum, Londres ;
d'Ivor Curzlake, Alan Hills, Chas Howson et Philip Nicholls
du British Museum, Londres

Magnétite – oxyde naturel
de fer magnétique – utilisée
par les premiers marins
explorateurs

La boussole de
Charles Darwin

La *Santa Maria,*
un des navires de
Christophe Colomb

Des clous de girofle
ont été rapportés
à bord du premier
bateau qui a fait
le tour du monde,
en 1522.

LES YEUX DE LA DÉCOUVERTE / GALLIMARD

Masque indien en bois
offert à Charles Wilks

Anneaux d'or vikings
découverts en Irlande

Comité éditorial

Londres :
Alison Anholt-White, Louise Barratt, Julia Harris,
Kathy Lockley, Linda Martin et Helen Parker.

Paris :
Christine Baker,
Manne Héron et Jacques Marziou

Edition française préparée par
Elisabeth de Farcy
Conseiller : Jean-Pierre Busson, conservateur en chef
honoraire des Archives de la Marine, Paris

Collection créée par
Peter Kindersley,
Jean-Olivier Héron
et
Pierre Marchand

Banjo de
l'expédition
d'Ernest Shackleton
dans l'Antarctique

Couteaux inuits

ISBN 2-07-055498-8
La conception de cette collection est le fruit
d'une collaboration entre les Éditions Gallimard
et Dorling Kindersley

Loi n° 49-956 du 16 juillet 1949
sur les publications destinées à la jeunesse.

Traduction : Christine Monnatte
Édition : Clotilde Grison
Préparation : Lorène Bücher
Correction : Isabelle Haffen
Flashage : IGS (16)
Dépôt légal : septembre 2003 - N° d'édition : 123216
Imprimé en Chine par Toppan Printing Co.,
(Shenzen) Ltd.

SOMMAIRE

Couvre-chef
de Henry Stanley

Les Phéniciens, un peuple de marins et de marchands

Il y a 6 000 ans, les peuples, sédentaires, ne connaissaient guère du monde que ce qui se trouvait à portée de marche de chez eux, au mieux les limites de leur propre pays. Pouvant se nourrir et fabriquer objets et instruments de travail, il ne leur était pas utile de voyager. Pourtant, peu à peu, leur vint l'idée du commerce. Les Phéniciens des côtes du Liban, de Syrie et d'Israël furent, avec les Crétois, le premier peuple de la mer. Leurs navires, bien construits, étaient capables de s'éloigner des côtes. De 1100 à 700 av. J.-C., ils établirent des colonies en Méditerranée : à Malte, en Sicile, en Afrique du Nord et en Espagne. Ils franchirent le détroit de Gibraltar, longèrent l'Afrique occidentale et remontèrent vers l'Angleterre.

Des perles de verre
Les artisans phéniciens rendirent transparent le verre ; ils produisaient des perles avec des inclusions de couleur qu'ils vendaient sur tous les marchés étrangers. Ce collier provient d'une tombe, sur le site de l'ancienne ville de Tharros, en Sardaigne.

Tête de démon

Disque représentant le monde

La première carte du monde
Dessinée sur une tablette d'argile trouvée en Irak, elle montre le monde entouré d'eau, en un courant permanent.

Eléphant de guerre

Monnaie carthaginoise trouvée en Espagne

Pièce de cuivre venant de Cadix

Thon

Palmier-dattier

Monnaie d'argent carthaginoise

Monnaies
Les premiers marchands phéniciens pratiquaient le troc. Puis ils utilisèrent des pièces de monnaie de métal, frappées de dessins qui indiquaient leur provenance.

Urne funéraire

Caveaux funéraires

Urne funéraire
Trouvée à Carthage (la plus importante colonie phénicienne, près de Tunis), cette urne contient les ossements d'un enfant. Il fut sans doute, comme tant d'autres, sacrifié aux dieux. Ces grandes urnes en terre cuite étaient enterrées dans des caveaux.

Inscription en phénicien

Un tesson de poterie
Provenant de l'île de Malte, une colonie phénicienne au centre de la Méditerranée, ce morceau de poterie porte, gravé en phénicien, le nom de la célèbre déesse Astarté.

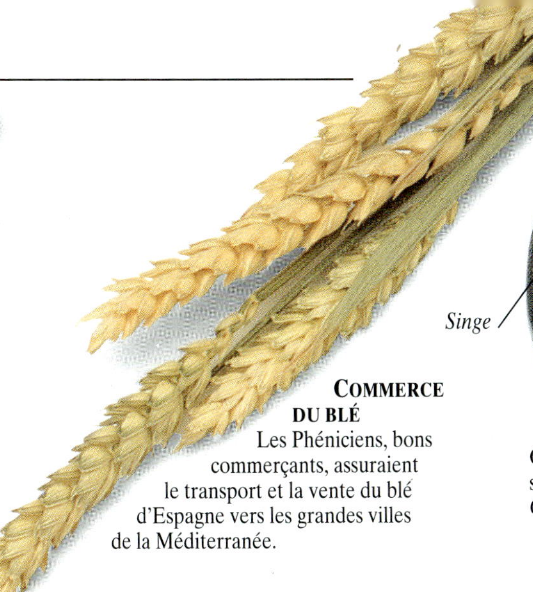

COMMERCE DU BLÉ
Les Phéniciens, bons commerçants, assuraient le transport et la vente du blé d'Espagne vers les grandes villes de la Méditerranée.

SCEAU PRÉCIEUX
Les sceaux ornementaux phéniciens étaient très recherchés. Certains étaient de véritables œuvres d'art sculptées dans des matières précieuses. Celui-ci est en jaspe de Sardaigne.

COUPE EN BRONZE
Rouliers des mers, les Phéniciens mettaient en rapport les différents pays et cultures de la Méditerranée. Cette coupe qui reprend des motifs égyptiens est l'œuvre d'un artisan bronzier, vers 750 av. J.-C. ; elle trouva un acquéreur assyrien.

STATUETTE DE BRONZE
Cette représentation d'un Phénicien portant sur les épaules une plaque de cuivre vient de Chypre, justement connue pour ses mines. Ce marchand faisait sans doute le commerce de ce métal.

LA MÉDITERRANÉE
Originaires des côtes d'Asie Mineure (à droite de la carte), les Phéniciens établirent, à partir des ports de Sidon et de Tyr, des comptoirs sur le pourtour de la Méditerranée, et fondèrent Carthage en 814.

UNE TÊTE DE DIABLE
Ce masque en terre cuite représente probablement un démon. Il fut trouvé parmi d'autres objets dans une tombe phénicienne, en Sardaigne. Il avait sans doute pour fonction d'éloigner du mort les mauvais esprits.

LES GRILLES DE BALAWAT
A gauche, on voit les murailles de la ville de Tyr. Des Phéniciens s'apprêtent à quitter la ville sous le regard du roi et de la reine. Cette plaque de bronze provient de grilles trouvées à Balawat, en Irak.

Pièce d'argent de Sidon, frappée d'une galère phénicienne

LES ÉGYPTIENS ÉTAIENT DE FIERS AVENTURIERS

C'est au Moyen-Orient que sont nées les premières civilisations, 5 000 ans avant notre ère. À cette époque, en Égypte, il existait déjà des villes, petites et grandes, bâties le long de la fertile vallée du Nil. Selon la cosmogonie établie par les prêtres égyptiens, le monde était plat et rectangulaire, et le ciel soutenu par quatre énormes troncs d'arbres – ou quatre montagnes – au-delà desquels était situé l'océan. Vers 2500 av. J.-C., les Égyptiens commencèrent à s'aventurer hors de chez eux, pour commercer avec les peuples voisins. L'une de leurs plus célèbres expéditions, vers le pays de Pount, avait été ordonnée par la reine Hatchepsout. Malgré la découverte de ces nouvelles contrées, les prêtres se contentèrent de dire que les piliers du ciel étaient plus éloignés qu'ils ne l'avaient d'abord pensé !

LES BATEAUX DU NIL
Les Egyptiens naviguaient sur le Nil avec des bateaux de roseau ; mais ceux-ci ne leur permettaient pas d'aller sur la mer. Ce n'est qu'après avoir découvert les forêts de cèdres du Liban qu'ils purent construire des navires de haute mer.

QUI ÉTAIT HATCHEPSOUT ?
En 1493 av. J.-C., cette reine égyptienne envoya une flotte de la mer Rouge vers l'océan Indien. L'expédition découvrit le riche pays de Pount, qui regorgeait d'ivoire, d'ébène et d'arbres à myrrhe. Il s'agissait sans doute de l'actuelle Somalie, sur la côte orientale de l'Afrique.

UN CARTOUCHE ROYAL
Le nom d'un souverain, écrit en hiéroglyphes, était toujours cerné d'un ovale, permettant de le distinguer du reste du texte : c'est ce que l'on appelle un cartouche. Ci-contre, celui de la reine Hatchepsout.

UN SCARABÉE AU DOIGT
Les bagues égyptiennes étaient souvent serties de pierres sculptées en forme de scarabée. L'anneau était en or, et le chaton en céramique ou en lapis-lazuli importé d'Asie. Ces bagues portent le cartouche de la reine Hatchepsout et lui ont sans doute appartenu.

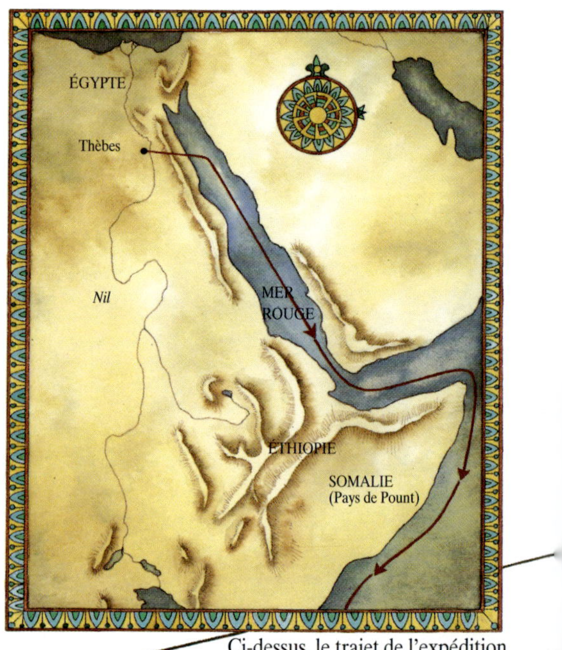

Ci-dessus, le trajet de l'expédition égyptienne au pays de Pount

UN NAVIRE EN BOIS
A partir de 2700 av. J.-C., les Egyptiens savaient construire des bateaux en bois, bien gréés, avec lesquels ils cabotaient le long des côtes de la Méditerranée et de la mer Rouge, pour commencer avec leurs voisins.

LA MODE DES FARDS
Les nobles égyptiens se maquillaient avec des fards qu'ils conservaient dans des boîtes décorées, comme celle-ci. Les marchands allaient chercher jusqu'en Afrique du Nord et en Asie Mineure les ingrédients nécessaires à la fabrication de ces produits cosmétiques.

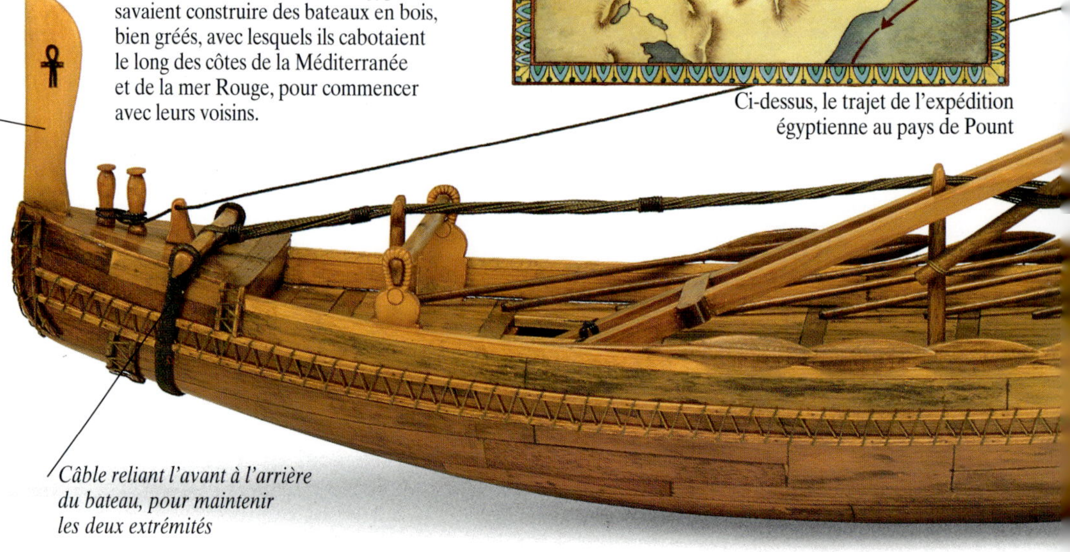

DES PRODUITS D'IMPORTATION
Cette boîte en ébène avec des incrustations en ivoire servait sans doute à ranger des bijoux. La variété d'ébène et l'ivoire dont elle est faite étaient ramenés du pays de Pount par les navigateurs égyptiens.

Boule de myrrhe

LA MYRRHE
C'est une gomme résine odorante, fournie par le balsamier, que les Anciens faisaient brûler lors de cérémonies religieuses. Les Egyptiens l'importaient du pays de Pount et rapportaient même des arbres qu'ils plantaient, notamment devant le temple de la reine Hatchepsout, à Deir el-Bahari.

Cette peinture tombale montre la fabrication de l'encens.

UN BRÛLE-ENCENS EN BRONZE
Cet objet rituel était destiné à un temple. Il est décoré d'une tête de faucon, symbole du dieu Horus, le dieu du ciel. Avec celui de la myrrhe, le parfum de l'encens emplissait les temples égyptiens.

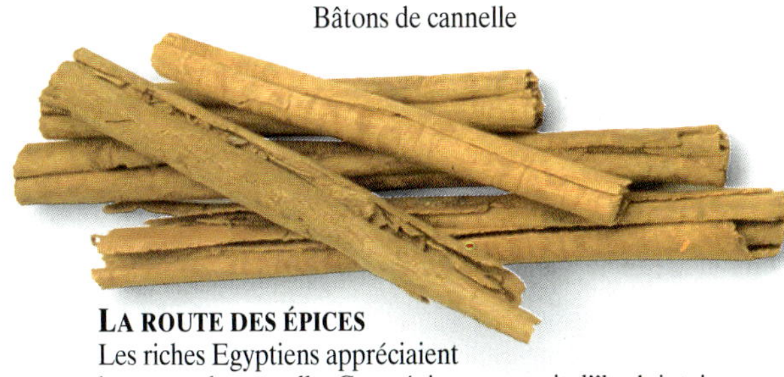

Bâtons de cannelle

LA ROUTE DES ÉPICES
Les riches Egyptiens appréciaient beaucoup la cannelle. Cette épice provenait d'îles lointaines au large de la Chine, d'où elle était rapportée par des marchands arabes en Arabie (pp. 18-19), où les commerçants égyptiens allaient l'acheter.

LE CÈDRE
Les cèdres du Liban, au bois très dur et imputrescible, permirent aux Egyptiens de construire des bateaux de haute mer.

JASON ET LES ARGONAUTES
Le roi mythique Jason partit en Colchide, sur son navire *Argo,* à la recherche de la Toison d'or. Après de multiples aventures, le Grec vainquit le dragon qui gardait la Toison et rentra au pays avec ses compagnons.

GRECS ET ROMAINS, DES CONQUÉRANTS

Deux grands empires ont dominé les régions méditerranéennes, de 330 av. J.-C. à l'an 500 de notre ère. Ce fut d'abord celui d'Alexandre le Grand (356-323 av. J.-C.), roi de Macédoine (un État du nord de la Grèce) : il s'étendait de la Grèce à l'Inde, couvrant l'Égypte et le Moyen-Orient. Puis vint celui des Romains, qui semblait n'avoir pas de frontières : de l'Angleterre au Sahara, de la mer Noire à l'océan Atlantique, au nord, au sud, à l'est et à l'ouest, Rome était omniprésente. Les généraux et leurs armées ouvraient la route ; les colonies militaires s'installaient. Venaient ensuite les marchands et les voyageurs avides de contacts et d'échanges avec les populations nouvellement conquises. On dit même qu'un marchand grec parvint jusqu'en Islande, tandis que des Romains, ayant gagné l'Asie centrale, commerçaient avec les nomades.

UN FAUCON EN OR
Cette broche grecque a été trouvée à Ephèse, cité grecque d'Asie Mineure (au sud de Smyrne, en Turquie).

Alexandre fit envoyer en Grèce des paons qu'il avait trouvés en Inde.

UN SINGE EN PIERRE
Naucratis, colonie grecque du delta du Nil, fut fondé en 560 av. J.-C. pour faire le commerce des épices avec l'Arabie et celui de l'ivoire avec l'Afrique. C'est de là que provient cette statuette de babouin.

Carte du périple d'Alexandre

ALEXANDRE LE GRAND
En 334 av. J.-C., Alexandre partit à l'assaut de l'Empire perse. Huit ans plus tard, il avait conquis la côte d'Asie Mineure, l'Egypte, la Perse, et atteint l'Inde. Il mourut à 32 ans sur le chemin du retour. Son empire fut partagé entre ses généraux, mais les Grecs avaient pris leur revanche sur les Perses et régnaient sur le commerce dans tout le Proche-Orient.

Alexandre, à cheval, combat le roi indien Poros.

PÉRILS SUR LA MER
Les riches cargaisons des marchands grecs étaient convoitées par des pirates ; un peintre grec a représenté sur cette coupe une poursuite entre des forbans et un navire marchand.

LES PRODUITS DE LA MER
Ce décor d'assiette est l'œuvre d'un artisan d'Apulie, une colonie grecque du sud de l'Italie, dont la pêche était la principale ressource. Le poisson était séché, puis vendu par les marchands grecs dans toutes les villes de la Méditerranée.

DES RUINES ROMAINES EN ALGÉRIE
L'Afrique du Nord était romaine, et les villes d'Algérie servaient de plaques tournantes au commerce avec les nomades du désert. C'est par là que transitaient l'or, l'ivoire et les esclaves achetés au cœur de l'Afrique, au-delà du désert du Sahara.

Entre autres figures de poupe, les navires romains portaient souvent une tête de cygne.

Sur la voile sont représentés Romulus et Remus, les légendaires fondateurs de Rome.

Aviron de gouverne

UN NAVIRE MARCHAND
Ce type de bateau à deux mâts était fait pour transporter d'importantes cargaisons. Lourds, ils ne prenaient la mer que par vent favorable. De la route d'Asie, ils rapportaient des pierres précieuses, des épices et de la soie (pp. 16-17) ; de celle d'Afrique, des bêtes sauvages destinées au cirque.

Coupe de verre romaine

MARCHANDS OU EXPLORATEURS ?
En Angleterre aussi bien qu'en Asie Mineure, les fouilles archéologiques ont livré de nombreux objets fabriqués à Rome, comme la coupe d'argent (à droite) ou celle de verre (à gauche). Ils y avaient été importés par des marchands romains, qui suivaient de très près les armées de conquête.

Coupe romaine en argent

Monnaie d'Arabie

Monnaie de l'Inde

DE PARFAITES IMITATIONS
Preuve que l'influence de Rome dépassait largement les limites de l'Empire, ces deux pièces de monnaie, frappées l'une en Inde, l'autre en Arabie, portent des motifs romains.

CÉSAR EN FRANCE
Vienne était une importante ville romaine du sud de la France. Cette pièce de monnaie date de 36 av. J.-C. Les initiales CIV correspondent à *Colonia Julia Viennensis*, c'est-à-dire « Colonie de Jules César à Vienne ».

Proue d'une galère romaine

ERIK LE ROUGE
Erik est l'un des explorateurs vikings les mieux connus. D'après une célèbre saga, il s'enfuit de Norvège à la suite d'un meurtre et s'installa en Islande. Là, il assassina un colon rival et fut contraint de reprendre la mer. Faisant voile vers l'ouest, il découvrit une terre accueillante, aux plaines fertiles, qu'il nomma « Groenland », le « pays vert » ; il y établit une colonie.

LES VIKINGS ONT DÉCOUVERT L'AMÉRIQUE

Au début du Moyen Âge, du VIIIe au XIe siècle, l'Europe vivait sous la menace constante des envahisseurs vikings. Ces navigateurs scandinaves se lançaient depuis leurs terres du Nord dans des voyages d'exploration, au cours desquels ils pillaient villes, villages et monastères rencontrés sur leur route, depuis l'Angleterre jusqu'à la Méditerranée. Tous n'étaient pas animés des mêmes intentions. Certains Vikings ne cherchaient que des richesses et des esclaves, d'autres, trop à l'étroit en Scandinavie, étaient en quête de terres nouvelles. Les Vikings suédois, des marchands avant tout, avaient jeté leur dévolu sur la Russie et l'Asie, pour y développer leur commerce. À partir du XIIe siècle, les Vikings cessèrent leurs raids et s'établirent définitivement dans plusieurs régions, comme la Normandie, à laquelle ils ont donné leur nom – « north men » –, et qui leur avait été cédée en 911 par le roi de France Charles le Simple.

LE KNORR, UN NAVIRE MARCHAND
Pour transporter marchandises et futurs colons, les Vikings utilisaient des bateaux larges et ventrus, qui leur permettaient de remonter les rivières et de pénétrer profondément dans les terres.

TERRE !
Le fils d'Erik le Rouge, Leif l'Heureux, quitta le Groenland vers 992, à la recherche d'une autre terre. Après un long et périlleux périple vers le sud-ouest, il aperçut une terre montagneuse et couverte de forêts. C'était le Labrador, en Amérique du Nord.

LES VOYAGES DES VIKINGS
Depuis le nord de l'Europe, les Vikings sillonnaient les mers. Pillards et marchands s'attaquaient à l'Europe et à la Méditerranée, tandis que les colons en quête de nouvelles terres faisaient voile vers l'ouest, en direction du Groenland et de l'Amérique du Nord.

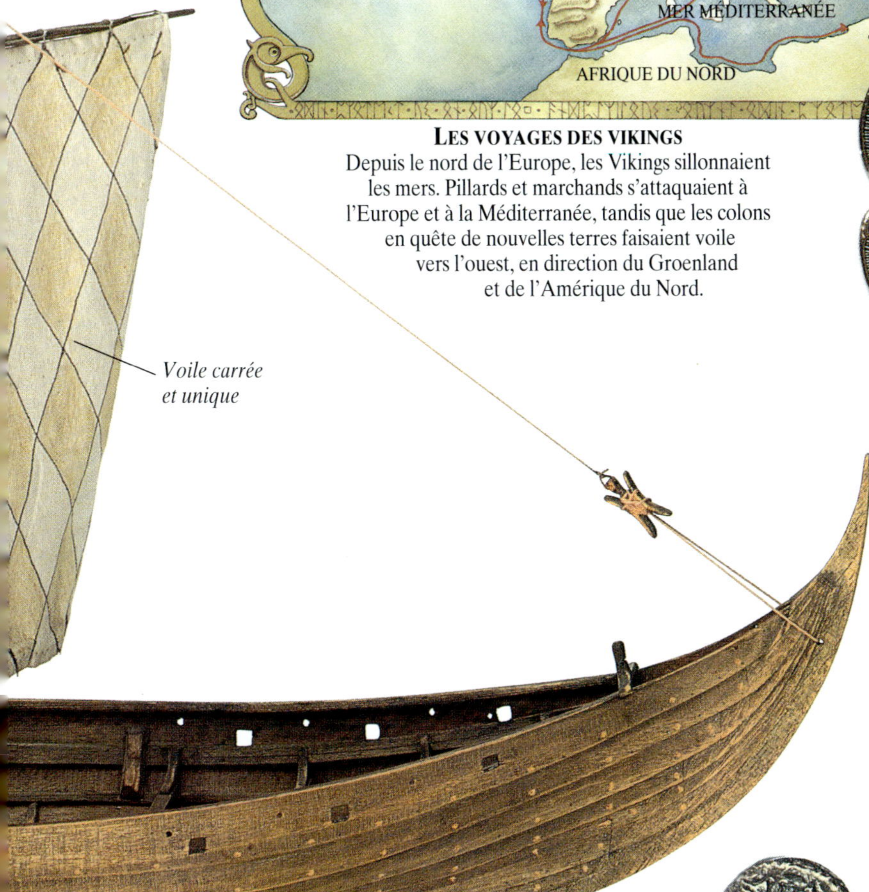

Voile carrée et unique

Broche, ou fibule, pour attacher les vêtements

Fibule à laquelle il manque son épingle

Fragments en argent

UN TRÉSOR
Au cours de leurs raids, les Vikings faisaient main basse sur toutes les richesses à leur portée. Ces bijoux en argent furent enfouis en terre anglaise, dans le Yorkshire, il y a dix siècles par un Viking qui ne les retrouva jamais. La fibule cassée en morceaux vient probablement d'Irlande.

L'OR DES BIJOUX
Cette bague en or provient d'Irlande, où les Vikings avaient conquis de vastes territoires.

SANS CONTESTATION
Cette pièce à l'effigie du roi Olav Kyrre de Norvège, mort en 1093, est une preuve archéologique de la présence viking en Amérique du Nord. Elle a été trouvée à Terre-Neuve.

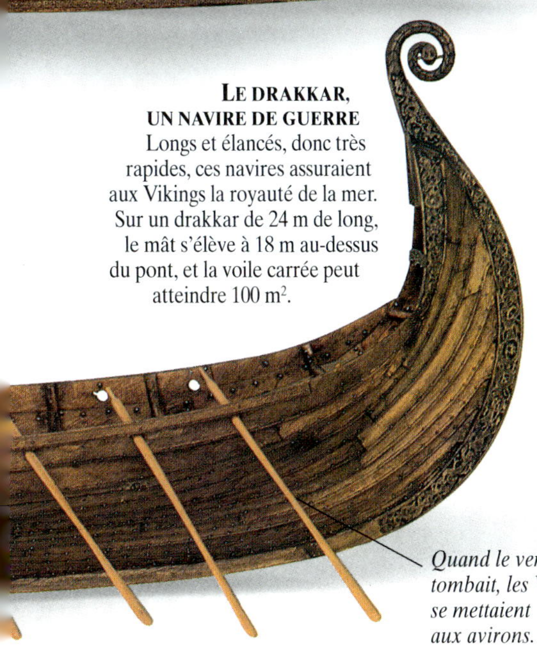

LE DRAKKAR, UN NAVIRE DE GUERRE
Longs et élancés, donc très rapides, ces navires assuraient aux Vikings la royauté de la mer. Sur un drakkar de 24 m de long, le mât s'élève à 18 m au-dessus du pont, et la voile carrée peut atteindre 100 m^2.

Quand le vent tombait, les Vikings se mettaient aux avirons.

Lame de hache de guerre trouvée dans la Tamise, à Londres

Décor d'argent et de cuivre à la base de ce fer de lance

DES ARMES
Les Vikings étaient d'habiles forgerons et travaillaient artistiquement leurs armes. Les soldats s'armaient d'une simple lance, tandis que les guerriers de métier utilisaient la hache. Ces armes ont été trouvées à Londres.

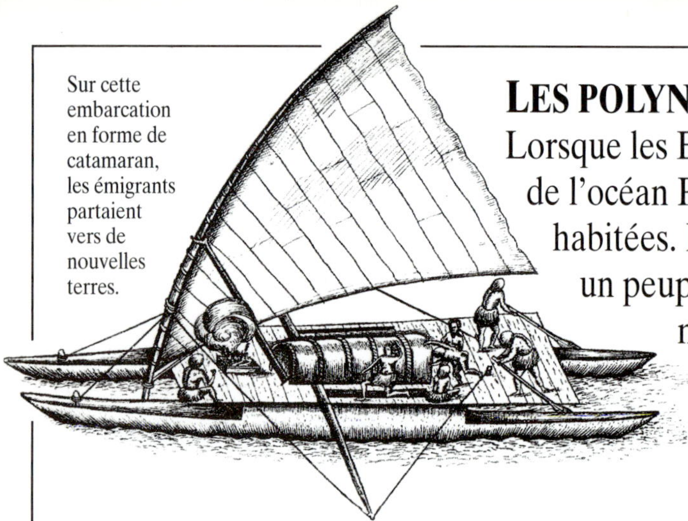

Sur cette embarcation en forme de catamaran, les émigrants partaient vers de nouvelles terres.

Les Polynésiens, des migrateurs peu pacifiques

Lorsque les Européens découvrirent au XVIIIe siècle les îles lointaines de l'océan Pacifique (pp. 62-63), ils trouvèrent des terres déjà habitées. Les Polynésiens possédaient une civilisation et formaient un peuple de marins qui, à l'époque même où les Phéniciens maîtrisaient la Méditerranée, sillonnaient le Pacifique, à des milliers de kilomètres du monde alors connu, sur des esquifs de petite dimension mais néanmoins solides et stables. À leurs qualités de marins, ils joignaient une grande compétence en matière de navigation : ils savaient déduire la direction d'une terre en observant la forme et la taille des vagues et le comportement des animaux marins. Ces pérégrinations avaient probablement pour but de répondre au problème de la surpopulation qui se posait dans certaines îles, et ceux qui prenaient la mer faisaient souche sur de nouvelles terres.

Figure de proue
Les Polynésiens prenaient grand soin de décorer leurs pirogues. Par exemple, ils ont sculpté cette figure de proue qui représente un oiseau posé sur des vagues. Un cauri, coquille de gastéropode, y est suspendu.

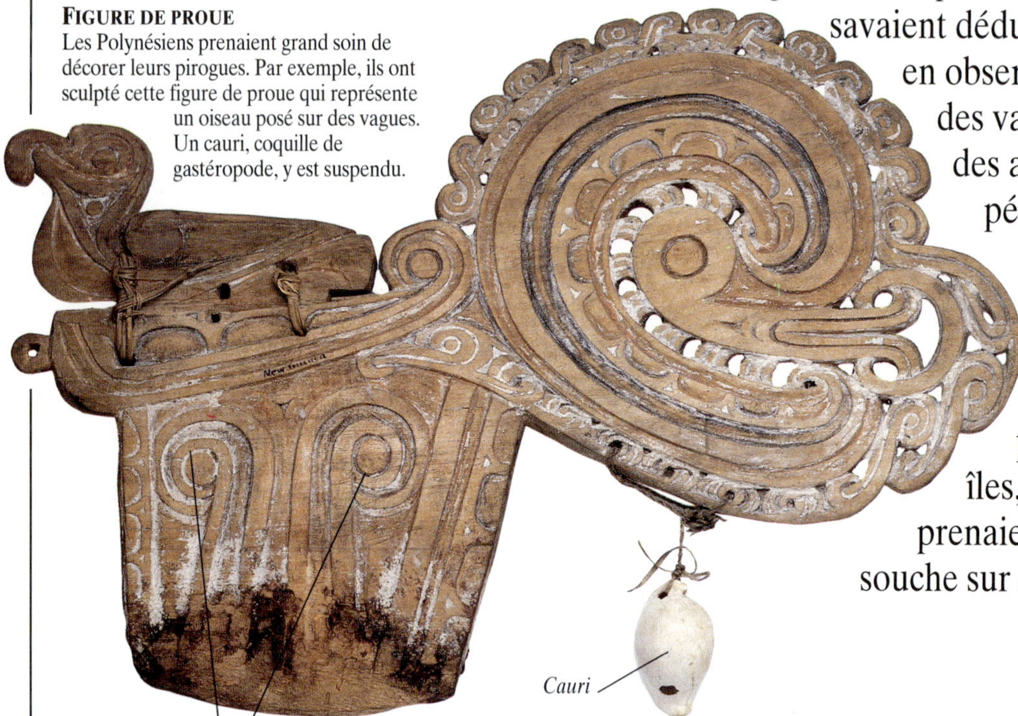

Rame
Les rames aussi étaient finement décorées, comme celle-ci, qui vient de Nouvelle-Zélande. La gravure en haut et à gauche de la page montre qu'elles servaient de gouvernail.

Pirogue stable
Pour caboter entre les îles, ou pour pêcher, les Polynésiens utilisaient de petites pirogues, semblables à la maquette ci-dessous. La coque principale est faite d'un tronc d'arbre évidé, tandis qu'une autre coque, plus petite et non évidée, sert à stabiliser le bateau en lui donnant une assise plus large.

Pirogie moderne
Ce bateau de course moderne emprunte aux traditionnelles pirogues polynésiennes le principe d'une coque latérale pour assurer la stabilité. Celui-ci a été construit en Papouasie-Nouvelle-Guinée, avec une coque en fibre de verre.

Le dieu des pirogues
Pour les Polynésiens, à chaque lieu, à chaque activité correspondait un dieu ou un esprit protecteur. Ce dieu des pirogues veillait sur les pêcheurs des îles Cook.

40 °C à l'ombre
Les habitants des îles savaient profiter de la vie facile, sur la plage, à l'ombre des cocotiers !

Cheveux

Fibre de coco

Coquillage

Pour se parer
Le collier est en cheveux tressés, le fermoir en fibre de coco et le pendentif est un coquillage nacré. Cet ornement vient des îles Cook où il était porté par des chefs de tribu ou des membres de leur famille.

La pointe à barbillons de cette lance était d'une efficacité redoutable

Lance polynésienne

De grands guerriers
La société polynésienne était très violente ; les guerres entre clans étaient permanentes, et comme elles se poursuivaient souvent d'une génération à l'autre, elles faisaient des centaines de morts. Les guerriers disposaient d'armes assez primitives, mais meurtrières, et savaient combattre avec discipline, courage et sens de l'honneur : ils préféraient mourir plutôt que de se rendre.

Pour se vêtir
Ce pagne n'est pas fait d'herbes séchées, mais de fines écorces d'hibiscus (pp. 50-51). Ce vêtement léger et souple était parfaitement adapté au climat tropical.

Un habitant des îles Fidji en tenue de danse

Pour se coiffer
Les dents de ce peigne sont reliées entre elles par des cheveux.

Casse-tête, ou massue, polynésien

Dent de requin

Manche de poignard

Sur la route de la soie

De grandes explorations se sont faites par voie de terre. Pendant 2 000 ans les plus importants échanges entre l'Asie et l'Europe empruntèrent la route de la soie. Mise en place vers 500 avant notre ère, elle a été fréquentée jusque vers 1650, au moment où le trafic par mer a pris le dessus. Les marchands chinois organisaient des caravanes pour acheminer à l'Ouest la soie et les épices, à travers montagnes et déserts, tandis qu'en sens inverse d'autres marchands apportaient de l'or, de l'argent et des chevaux en Chine. Personne n'avait encore parcouru dans son entier cette très vieille route de 7 000 km qui traversait de multiples royaumes, car il fallait subir les lois et les exigences des souverains. De plus, elle était dangereuse parce que infestée de bandits. En fait, les marchandises passaient d'un marchand à l'autre, chacun assurant le transport sur quelques centaines de kilomètres seulement. Parti de Venise pour arriver en Chine, en 1275, Marco Polo fut le premier à faire le trajet complet.

Une caravane de chameaux

Argent contre produits de luxe
Soie et porcelaine chinoises – dont les Occidentaux ignoraient le secret – étaient très recherchées en Europe. Sur ces monnaies espagnoles on voit les incisions qu'y faisaient les marchands chinois pour vérifier qu'elles étaient bien en argent massif.

Incision

La soie
C'était bien sûr la marchandise la plus demandée en Europe ; elle a d'ailleurs donné son nom à la route des caravanes. Les Chinois en détenaient les secrets de fabrication.

Jarre du XIVe siècle, de la dynastie des Yuan

Anse en forme de dragon

Cerclage en argent de Turquie

La porcelaine
Fragile, translucide, la plus fine des poteries ne pouvait résister au transport par caravane. Quelques spécimens seulement parvenaient en Europe où ils étaient très prisés et très coûteux. Grâce à la généralisation du transport par mer, elle fut importée en nombre vers les cours européennes, jusqu'à la découverte du secret de fabrication, en Allemagne, le 15 janvier 1708.

Assiette chinoise en porcelaine du XVIe siècle, créée pour les Portugais

Décor à motif de galion

Coupe du XVe siècle (dynastie Ming), trouvée au Kenya

LES JONQUES
Les Chinois construisaient de grands bateaux à fond plat, aux cales de grande contenance. Grâce à ces jonques, ils faisaient le commerce des épices avec l'Indonésie (pp. 62-63), et allaient même jusqu'au nord de l'Australie.

L'amiral Cheng Ho réussit, à bord de jonques comme celle-ci, à atteindre l'Afrique de Est et le cap de Bonne-Espérance (1404-1433), devançant les Portugais qui ne doublèrent le cap que vingt ans plus tard.

ALLER ET RETOUR
Cette carte montre, en rouge, la route de la Soie, et en bleu, le trajet de Marco Polo, de Venise à la Chine (qui dura quatre ans) par l'Asie centrale, et de Chine à Venise par la mer jusqu'en Perse. Durant son voyage, il connut aventures et adversités, maladies, difficiles traversées de montagnes et de déserts. Lorsqu'il en publia le récit, on le jugea invraisemblable.

UN OFFICIER RUSSE
Nicolas Prewalsky, un officier russe, mena une expédition en Asie centrale en 1867. Plus tard, il dirigea quatre voyages et découvrit des régions et des royaumes – la Mongolie, le Xinjiang, le Tibet – où n'avait pénétré aucun Occidental. Il y trouva aussi une race de chevaux sauvages, appelée depuis « cheval de Prewalsky ».

MARCO POLO
Avec son père et un oncle qui avait déjà fait le voyage de la Chine et rencontré l'empereur Kubilai Khan, Marco Polo quitta Venise en 1271. Il séjourna sept ans en Chine, puis regagna son pays. La miniature ci-dessus montre Marco Polo et ses compagnons accueillis sur le chemin du retour à Ormuz, une ville arabe du golfe Persique.

UN ARTISTE INTRÉPIDE
L'explorateur suédois Sven Hedin voyageait avec son nécessaire à aquarelle. Entre 1890 et 1934, il explora à son tour l'Asie centrale, dressant des cartes et dessinant paysages et gens. Un voyage qui faillit lui coûter cher ! Deux fois il fut enlevé par des bandits, et une fois il mourut presque de soif…

Ce détail d'un atlas hollandais du XIIe siècle montre des marchands en Chine.

Un marchand ambulant

MAHOMET ENVOIE SES MESSAGERS

Les guerriers arabes avaient créé un empire allant du nord de l'Espagne à l'Inde, en passant par l'Afrique du Nord. Dès le VIIe siècle, ils avaient imposé leur foi, l'islam, et multiplié les communautés musulmanes : leurs marchands partaient également à la conquête de nouveaux marchés. Redoutant l'océan qu'ils appelaient « Mer de l'obscurité », certains Arabes préférèrent longtemps sillonner le Sahara à dos de chameau, ou chevaucher jusqu'en Asie centrale. À partir du VIIIe siècle, ils utilisèrent de petits voiliers, les boutres, pour traverser l'océan Indien et acheter en Inde, en Indonésie et en Chine, la soie, les épices et les bijoux dont ils faisaient commerce. Ils faisaient également du cabotage le long des côtes d'Afrique orientale, à la recherche d'ivoire, d'or et d'esclaves (p. 46).

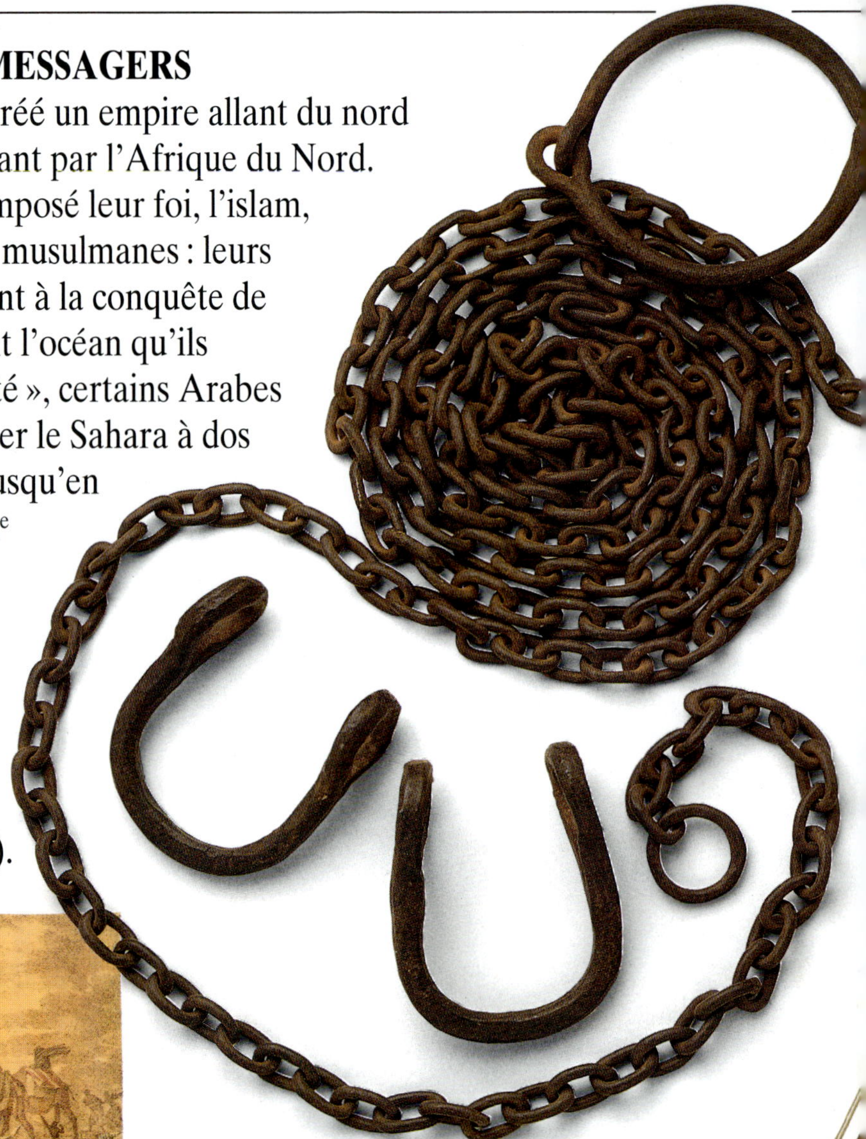

ENCHAÎNÉS
Le trafic arabe des esclaves prit fin au XIXe siècle, quand les Européens eurent colonisé l'Afrique (pp. 46-47). Les Arabes enchaînaient leurs captifs pour les acheminer de l'intérieur des terres vers les côtes où les attendaient les navires.

LE COMMERCE DES ESCLAVES
Les Arabes en avaient fait une importante source de richesse. Ils capturaient des prisonniers en Europe, en Asie, mais surtout en Afrique où ils profitaient souvent des guerres entre tribus. Les captifs étaient ensuite vendus aux seigneurs et aux artisans d'Afrique du Nord.

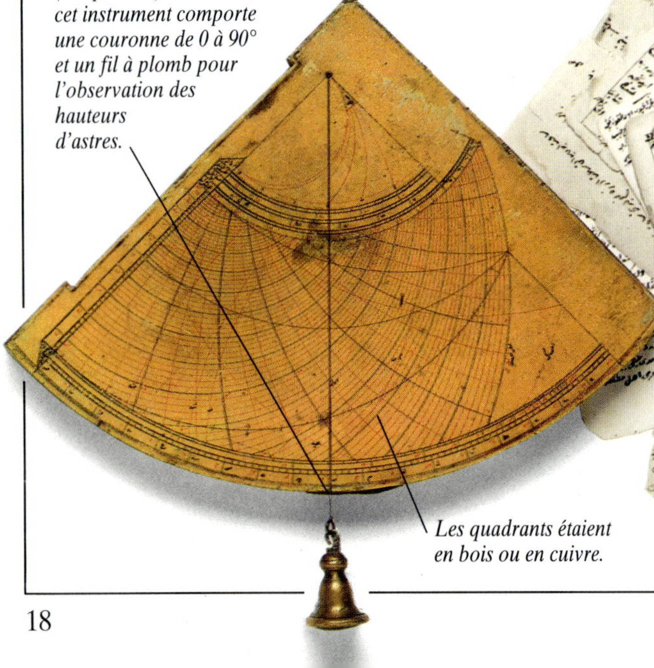

Ancêtre du quadrant (ou quartier) de Gunter, cet instrument comporte une couronne de 0 à 90° et un fil à plomb pour l'observation des hauteurs d'astres.

Les quadrants étaient en bois ou en cuivre.

LE QUADRANT ARABE
La plaque de bois en quart de cercle à laquelle est suspendu un fil de plomb est l'un des premiers instruments de navigation inventés par les Arabes.

Instructions écrites

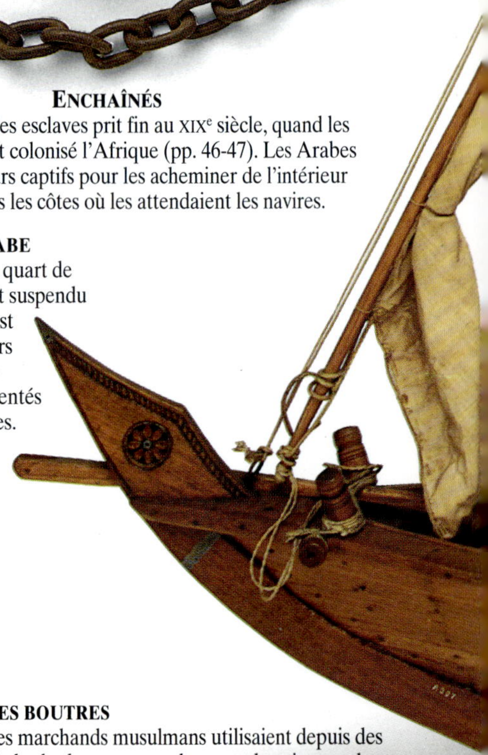

LES BOUTRES
Les marchands musulmans utilisaient depuis des siècles les boutres pour leurs explorations ou leurs expéditions de commerce dans le golfe Persique et l'océan Indien. A un ou deux mâts, ils sont équipés de voiles triangulaires et remontent très bien au vent, manœuvrés par un équipage réduit.

David Livingstone (pp. 46-47) rapporta d'Afrique cette chaîne et ces bracelets d'esclave utilisés par les trafiquants arabes.

Ibn Battuta est attaqué par des pirates.

UN GRAND VOYAGEUR
Ibn Battuta (1304-1378) fut un grand « voyageur de l'Islam ». Il parcourut les routes commerciales et voyagea ainsi à travers tout le monde musulman. Il écrivit ses aventures. On pense qu'il a parcouru environ 193 000 km.

LES MILLE ET UNE NUITS
Sindbad le Marin est le héros de nombreux contes arabes, dont beaucoup sont inspirés de ses véritables aventures. Son ennemi, « le Vieil Homme de la mer », un méchant magicien, voulait faire des marins ses esclaves. Mais comme « tout est bien qui finit bien », Sindbad s'en sortait toujours.

TOMBOUCTOU
Au sud du Sahara, Tombouctou était un important centre de commerce où des marchands échangeaient du sel et divers objets contre de l'or, de l'ivoire et des esclaves. La ville était le point de départ des caravanes allant chercher le sel au nord du Mali.

Henri le navigateur
Il ne participa lui-même qu'à deux des voyages qu'il avait organisés. Mais il en fut l'âme et le financier, de 1415 à 1460, et fonda même une école de navigation.

Le Portugal ouvre la route du Cap

C'est au Portugal, au début du XVe siècle, que débuta le temps des explorateurs. Le prince Henri de Portugal, dit Henri le Navigateur, fait chevalier à la prise de Ceuta (Maroc) en 1415, voulut découvrir et évangéliser les populations noires du Sahara. Il organisa à partir du Portugal de nombreuses expéditions le long de la côte occidentale de l'Afrique, jusqu'à l'actuelle Sierra Leone. Les rois du Portugal prirent le relais et contournèrent le cap de Bonne-Espérance, ouvrant ainsi la route des Indes vers les « îles des épices », comme on appelait alors les archipels d'Indonésie et des Philippines. C'est en partie grâce au contrôle de cette route et au commerce des épices qui s'ensuivit que le Portugal fonda un empire immensément riche et puissant.

La route des Indes
Vasco de Gama (1469-1524) longea la côte ouest de l'Afrique jusqu'au cap de Bonne-Espérance, puis remonta au nord, vers l'inconnu : la côte orientale, jusqu'au port de Malindi. Là, un pilote arabe le guida dans l'océan Indien : utilisant les vents de mousson, il atteignit l'Inde.

La route des Indes

Vasco de Gama
Premier Européen à atteindre l'Inde par la mer, Vasco de Gama effectua son périple par le Cap de Bonne-Espérance en 1498. Deux ans plus tard des Portugais établis dans un comptoir commercial furent massacrés par des Indiens musulmans. En représailles Vasco de Gama arma une flotte de guerre en 1502, qui détruisit la ville de Calicut (aujourd'hui Kozhicode). Nommé vice-roi des Indes en 1524, il mourut au moment de prendre ses fonctions.

Cette statue de l'archange Raphaël – l'ange guérisseur – se trouvait à bord du vaisseau de Vasco de Gama.

LE BEL IVOIRE AFRICAIN
Après les explorateurs, les marchands. Ils partirent sur les côtes de l'Afrique, pour en rapporter l'ivoire si précieux. Ce sujet sculpté au XVIIe siècle dans une défense d'éléphant par un artisan africain représente un marin portugais juché dans un nid-de-pie.

LE BOUT DU MONDE
A la fin du XVIe siècle, le Portugal avait établi des comptoirs dans les régions les plus reculées de l'Asie. Cette monnaie d'étain a été frappée en Malaisie, en 1511.

UN ENTREPRENEUR PRIVÉ
En 1469, le roi du Portugal octroya des autorisations de commerce avec l'Afrique de l'Ouest à Fernao Gomes – à condition qu'il explore 500 km de côtes par an. Cette carte de 1475 donne le relevé des côtes explorées par lui en six ans.

LES CARAVELLES
Dans leurs expéditions, les explorateurs portugais des XVe et XVIe siècles utilisaient la caravelle. C'était un bâtiment de petit tonnage caractérisé par sa stabilité. Pourvue de trois ou quatre mâts et gréée de voiles latines (triangulaires), elle remontait bien au vent et tenait la mer par gros temps. Ses vastes cales contenaient vivres et cargaisons.

BOUSSOLE DE MARINE
Dès le XIe siècle, les navigateurs d'Italie et d'Espagne apprirent des Arabes que l'aiguille aimantée était douée du « véhément désir de s'orienter vers le nord ». La boussole devient alors d'utilisation courante. Celle-ci, de 1780, reprend le motif des plus anciennes.

LE SIGNE DE LA CROIX
C'est Bartolomeu Dias qui, le premier, en 1487, marqua la présence portugaise au cap de Bonne-Espérance. Avant de repartir il y fit ériger une croix.

À LA DÉCOUVERTE DU NOUVEAU MONDE

Que connaissait-on du monde en 1480 ? On pensait qu'au sud du Sahara s'étendaient des jungles impénétrables, et de l'Afrique on avait seulement exploré les côtes. L'Asie était décrite par quelques voyageurs qui en rapportaient des récits invraisemblables (pp.16-17). À l'ouest, nul n'avait atteint les limites de l'immense océan. Pourtant, cette année-là, le navigateur italien Christophe Colomb annonça qu'il avait calculé que la Chine se trouvait à 4 500 km à l'ouest, au-delà de l'Atlantique. On ne le crut pas, et avec raison. Mais il se trouva des souverains pour lui faire confiance : Isabelle de Castille et Ferdinand d'Aragon financèrent son expédition. Et c'est ainsi que, parti de Palos, Christophe Colomb découvrit l'Amérique en 1492, persuadé qu'il avait atteint la Chine. L'ère des grandes explorations avait commencé.

LE PREMIER ATLAS MARITIME
Un Hollandais, Lucas Wagenaer, publia en 1582 le premier ensemble de cartes décrivant les côtes de l'Europe de l'Ouest. Le livre s'ouvrait sur le frontispice ci-dessus, orné de bateaux et d'instruments de navigation de l'époque.

WALTER RALEIGH
A la fin du XVIe siècle, cet Anglais essaya sans succès d'établir des colonies anglaises sur le nouveau continent découvert par Colomb. Il est plus connu pour les deux plantes qu'il rapporta d'Amérique et fit connaître en Europe : la pomme de terre et le tabac.

UN NOUVEAU LIT
Aux Indes occidentales (c'est ainsi que Colomb baptisa le Nouveau Monde), les Espagnols virent des indigènes couchés dans des lits suspendus qu'ils appelaient *hamorcas*. Les marins adoptèrent ce système permettant d'être au sec, à l'abri de la saleté des ponts et des rats.

LES FRUITS DU NOUVEAU MONDE
Christophe Colomb arriva dans un continent habité, regorgeant de richesses et de cultures différentes de celles de l'Europe. Ainsi, l'ananas et la patate douce y poussaient naturellement.

LE RETOUR TRIOMPHAL
Sur ce tableau, Isabelle et Ferdinand accueillent Christophe Colomb qui leur apporte du Nouveau Monde des présents, esclaves indiens et richesses de toutes sortes. En remerciement, les souverains le nommèrent amiral et vice-roi des nouveaux territoires.

Pavillon espagnol

D'OÙ VIENT LE NOM D'AMÉRIQUE ? L'Amérique tient son nom de « la terre d'Amerigo », nom qui figurait sur un plan établi en 1507 par Martin Waldseemüller. Le cartographe nomma ce continent d'après le navigateur italien Amerigo Vespucci, dont il avait lu le récit de voyage intitulé *Le Nouveau Monde*. Il ignorait que Christophe colomb s'était rendu sur ces terres avant lui.

À QUOI SERT UN ASTROLABE ? Cet instrument de navigation sert essentiellement à déterminer la latitude du navire sur le globe terrestre, grâce à la mesure de hauteur du soleil à midi, ou, de nuit, par la hauteur de l'Etoile polaire (p. 29).

LA « SANTA MARIA » Le vaisseau amiral de la flottille de Christophe Colomb était la *Santa Maria,* construite dans le nord de l'Espagne. Comme la *Niña* et la *Pinta* qui faisaient route avec elle, c'était une caraque à trois mâts, courte et massive. La *Santa Maria* fit naufrage le 13 novembre 1492 au large des Caraïbes, et Colomb dut rentrer en Espagne sur la *Ninã*.

LES VOYAGES DE CHRISTOPHE COLOMB Au cours de ses quatre expéditions dans le Nouveau Monde, Colomb explora surtout l'archipel des Caraïbes. Il atteignit Panama lors de son troisième voyage.

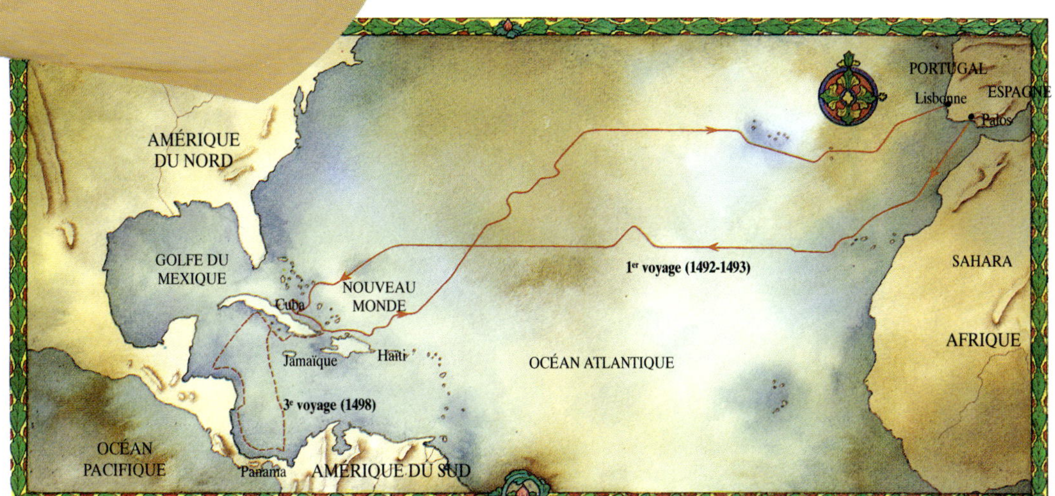

L'OR DU NOUVEAU MONDE Pour les remercier de financer son expédition, Colomb promit à Isabelle de Castille et Ferdinand d'Aragon de revenir avec d'immenses richesses pour l'Espagne. Il trouva peu d'or. C'est Cortés qui en découvrit en 1519 quand il atteignit l'Empire aztèque.

TOUT AUTOUR DU GLOBE, SUR LES OCÉANS

Contrairement à ce que l'on a souvent dit, Magellan (1480-1521) n'a pas fait lui-même le tour du monde et pour cause : il est mort en route. Seul parmi ses vaisseaux, le *Vittoria* est rentré en Europe après plus de trois ans d'un voyage exténuant. Fernand de Magellan était un marin portugais qui, comme Christophe Colomb avant lui (pp. 22-23), pensait qu'il existait une route vers les Indes et la Chine par l'ouest. Il s'agissait de concurrencer les Portugais qui venaient d'établir une route du commerce des épices via le cap de Bonne-Espérance. En 1519, l'Espagne se hâta de confier à Magellan une flottille de cinq navires, dont le *Trinidad,* portant son pavillon, et le *Vittoria,* avec pour mission de trouver cette route de l'ouest. L'expédition s'aventura sur des mers inconnues et franchit la pointe sud de l'Amérique, une zone de dangereuses tempêtes appelée aujourd'hui « détroit de Magellan ». De l'autre côté du détroit, la mer était calme, « une mer de paix », disait Magellan. Il venait de passer de l'océan Atlantique à l'océan Pacifique.

MONSTRE EN VUE !
Les marins des expéditions de l'époque vivaient dans la terreur de rencontrer des serpents monstrueux qui avaleraient hommes et navires.

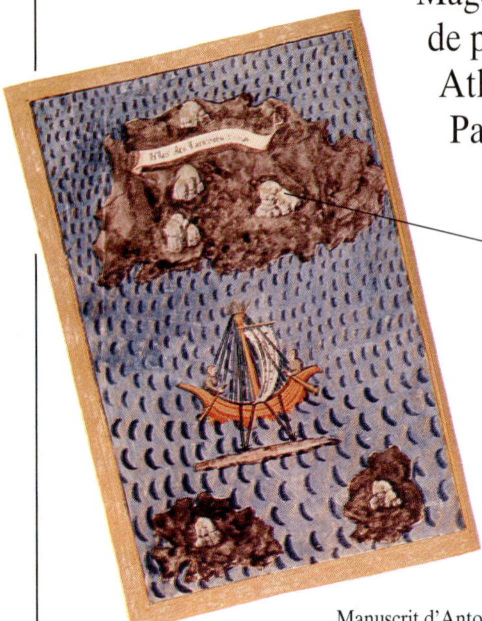

Iles de Las Velas ou des Larrons

Manuscrit d'Antonio Pigaffeta (XVIe siècle) relatant le voyage de Magellan

LA CIRCUMNAVIGATION DE LA TERRE
La carte de Battista Agnese fut établie peu après le retour du *Vittoria.* On y voit clairement la route que suivit Magellan jusqu'au détroit du sud de l'Amérique, mais la Terre de Feu est représentée comme l'extrémité d'un important « continent austral ». La carte figure assez bien la dimension de l'océan pacifique, où il manque, bien sûr, l'Australie et la plupart des îles du Pacifique qui ne seront découvertes qu'au XVIIIe siècle.

FERNAND DE MAGELLAN
De noble famille portugaise, Magellan était un aventurier qui passa au service de l'Espagne. En 1519, il proposa au roi Charles Quint d'atteindre l'Orient et ses épices par la route de l'ouest en contournant le cap Horn et en traversant l'océan Pacifique. Il réussit son entreprise, arriva aux îles Philippines où il fut tué au cours d'une guerre locale.

UN COMPAS À CARTES
Pour calculer les distances sur les cartes, les navigateurs utilisèrent pendant des siècles des compas à pointes sèches (p. 34). Ils pouvaient ainsi connaître la distance parcourue et celle qui restait à couvrir pour arriver à destination.

PIRATERIE ANGLAISE
Après les Espagnols, ce sont les Anglais qui réussirent le deuxième voyage autour du monde. En 1577 Francis Drake, corsaire au service de la reine Elisabeth Ire, fut chargé de rançonner les navires et les villes espagnoles de la côte de l'Amérique du Sud. Lorsqu'il s'enfuit par le détroit de Magellan, il n'osa pas revenir en arrière par peur des représailles des Espagnols, et traversa donc l'océan Pacifique et l'océan Indien. Il rentra en Angleterre en 1580.

LA TERRE EST RONDE
Le voyage de Magellan permit d'établir la dimension approximative de la Terre. On pouvait désormais la représenter sur un globe, et donc calculer plus facilement itinéraires et distances.

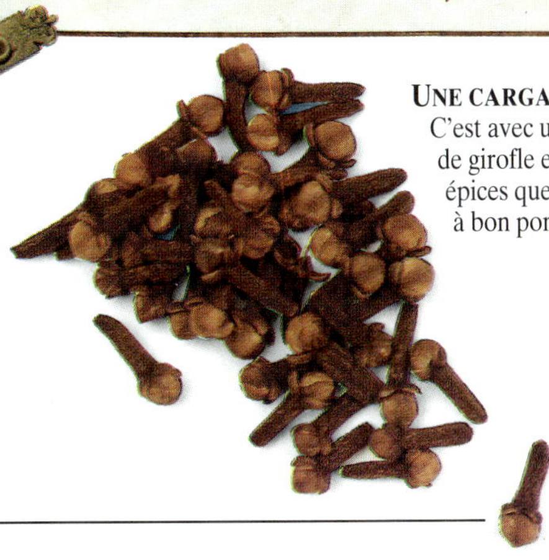

UNE CARGAISON D'ÉPICES
C'est avec un chargement de clous de girofle et d'autres précieuses épices que le *Vittoria* revient à bon port, à Séville, en 1522.

TRACER LA ROUTE
Des règles parallèles semblables à celle-ci peuvent être utilisées pour tracer des lignes parallèles, comme les lignes de latitude sur le plan ci-dessus.

LA MER DU MARIN

Marins dans le gréement

Au temps de la navigation à voile, la vie à bord était rude pour les équipages. Les traversées pouvaient durer des mois, voire des années. Pas de nourriture fraîche, parfois même l'eau croupissait dans les futailles. De terribles maladies comme le scorbut (carence en vitamines) menaçaient les marins. Les tâches quotidiennes n'étaient pas sans risque : escalade de la mâture, prise de ris dans les voiles par mauvais temps ; par ailleurs, il fallait prendre les quarts, nettoyer les ponts… Les hommes occupaient leur temps libre à ravauder leurs hardes et fabriquaient maquettes et bibelots d'os ou de bois. La vie du marin est restée presque immuable jusqu'à la fin des voiliers. En apportant un certain confort au milieu du XIXe siècle, les vapeurs ont rendu la vie en mer plus douce, en particulier parce qu'ils raccourcissaient les voyages.

UN COFFRE DE MARIN
Les marins rangeaient leurs effets dans des coffres comme celui-ci, qui prenaient peu de place à bord et, à l'occasion, servaient aussi de table, de siège, parfois même de couchette. Certains étaient décorés et portaient le nom de leur propriétaire.

LE SCRIMSHAW
Ce mot anglais, qui n'a pas d'équivalent français, désigne l'art de la gravure sur dents de cachalot. Cet artisanat était la spécialité des marins embarqués sur des baleiniers. Ils exécutaient des gravures d'une grande finesse qu'ils mettaient en valeur en encrant les creux.

DES ANNEAUX EN OR
Parfois les marins se singularisaient en portant des boucles d'oreilles. Ces anneaux ont appartenu à un marin américain du XIXe siècle, Richard Ward.

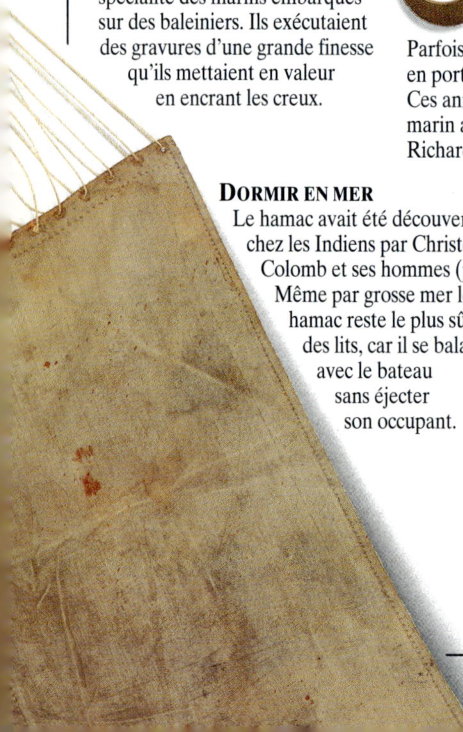

DORMIR EN MER
Le hamac avait été découvert chez les Indiens par Christophe Colomb et ses hommes (p. 22). Même par grosse mer le hamac reste le plus sûr des lits, car il se balance avec le bateau sans éjecter son occupant.

Chapeau de marin

Ardoise du XVIIIe siècle

Crayon d'ardoise

Tortillon de tabac

Canif

Sac

Epissoir

Paumelle pour coudre aux voiles

Etui à aiguilles

UN NÉCESSAIRE À VOILES
Rien n'est plus indispensable à bord d'un bon voilier qu'un marin spécialisé dans l'entretien des voiles. Ce sac contient tous les instruments nécessaires pour réparer les voiles, les cordages et pour coudre la toile.

Sifflet en argent du XVIIIe siècle

SIFFLET DE QUARTIER-MAÎTRE
Le sifflet servait à donner les ordres en mer. Ses hautes fréquences lui permettent de se faire entendre malgré le vent et les vagues, là où la voix humaine ne porte pas. Les haut-parleurs l'ont aujourd'hui remplacé, mais on le ressort à l'occasion de cérémonies.

Fouet du XIXe siècle

Le manche en bois est couvert de tissu.

PUNITION
Ce fouet à neuf cordes terminées par un nœud servait à punir les marins coupables d'indiscipline. La victime était attachée sur le pont et recevait les coups de fouet sur son dos nu. Le nombre de coups variait en fonction de la faute commise, mais il en suffisait de quelques-uns pour avoir le dos en sang. Cette punition était si douloureuse qu'un médecin devait y assister, prêt à faire cesser le supplice s'il se rendait compte que la victime était en danger de mort.

Journal de bord

UN PANTALON DE CIRÉ
Les marins se confectionnaient des vêtements avec les moyens du bord. Ainsi, ces pantalons ont été coupés dans de la toile à voile, et traités avec de l'huile de baleine pour être imperméabilisés.

Quart et assiette en étain

Fourchette en acier à manche en os

« Biscuit de mer »

LE DÉLICE DU MARIN !

À une époque où il n'existait ni conserves ni réfrigérateurs, le stockage de la nourriture à bord posait de grands problèmes. Les fruits et les légumes pourrissaient tout de suite, la viande ne se conservait que salée et mise en barils. Seuls les « biscuits de mer » duraient des années. Mais ils n'échappaient pas à la vermine, et les marins devaient enlever cancrelats et vers avant de les manger !

BIZUTAGE
Lorsqu'un marin franchit pour la première fois la ligne de l'équateur, il doit se soumettre à la « cérémonie de Neptune ». C'est une sorte de « bizutage » dont les détails varient selon les usages, mais qui comprend toujours un hommage au dieu Neptune (un marin déguisé) et des épreuves plus ou moins agréables, comme d'avaler une mixture répugnante ou d'être plongé dans un baquet d'eau de mer.

ASTUCES DE MÉTIER

À bord des navires modernes, les appareils de radio-navigation, le radar et les satellites donnent aux navigateurs, en permanence, leur position exacte. Auparavant, les marins devaient se livrer à des calculs dont ils reportaient les résultats sur des cartes marines. Ainsi établissaient-ils la route la plus courte et la plus sûre d'un point à un autre, en tenant compte des courants, des fonds, des récifs et des vents. Jusqu'au milieu du XVIIIe siècle, date de l'apparition des almanachs nautiques et des chronomètres de marine, la détermination de la longitude – position est ou ouest du navire sur la surface de la Terre – et de la latitude – position nord ou sud par rapport à l'équateur – était approximative. Pour « faire le point », les marins se fiaient à une évaluation de leur route grâce à la boussole et au loch : c'était la navigation à l'estime.

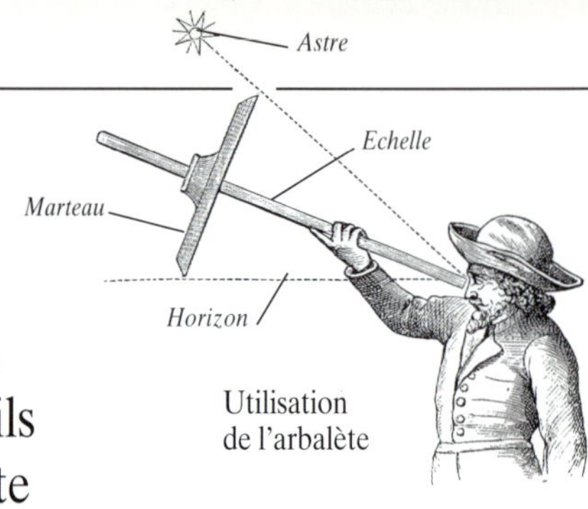

Utilisation de l'arbalète

L'AIMANT
Les Chinois découvrirent, il y a 4000 ans, que la magnétite avait la propriété d'aimanter les aiguilles d'acier. Au Moyen Age, les Européens constatèrent qu'on pouvait aimanter une aiguille en la frottant sur de la magnétite. Cela allait donner naissance au compas magnétique.

Arbalète

Viseur placé à un nombre de degrés donné. Les indications du viseur d'ombre additionnées à ce nombre donnaient la hauteur.

LE QUARTIER DE DAVIS
Inventé par John Davis en 1595, cet instrument était pourvu de deux marteaux : celui du grand cercle assurait le réglage initial, et celui du petit cercle, la mise au point. L'addition des deux angles donnait la hauteur angulaire de l'astre au-dessus de l'horizon.

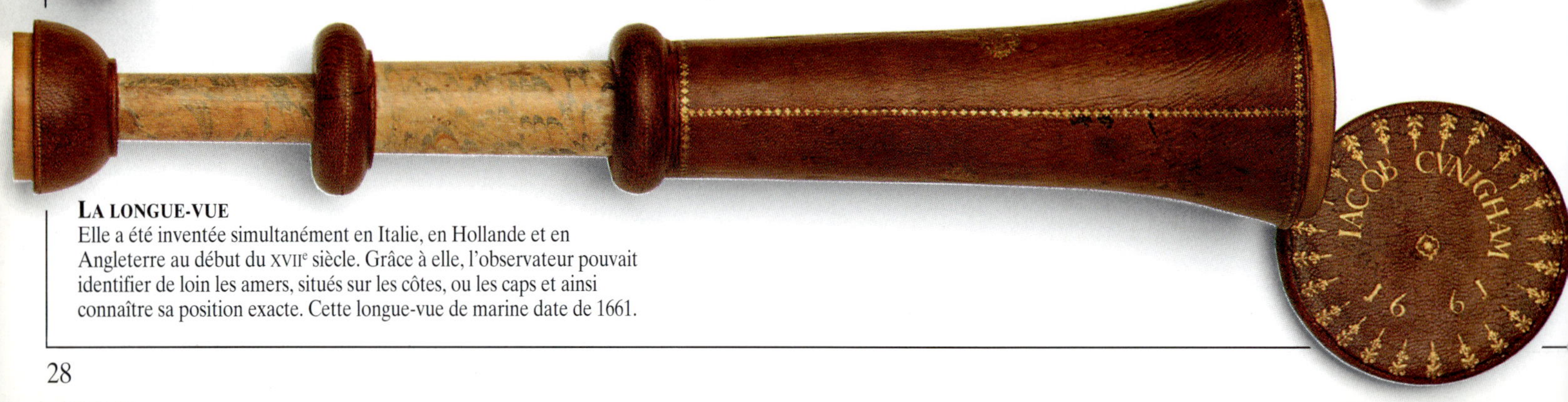

LA LONGUE-VUE
Elle a été inventée simultanément en Italie, en Hollande et en Angleterre au début du XVIIe siècle. Grâce à elle, l'observateur pouvait identifier de loin les amers, situés sur les côtes, ou les caps et ainsi connaître sa position exacte. Cette longue-vue de marine date de 1661.

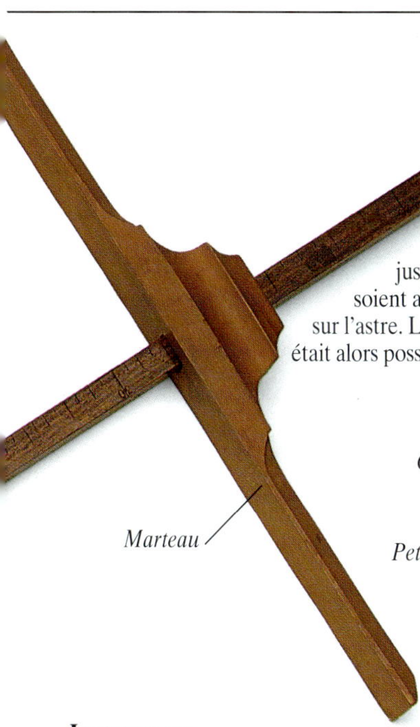

L'arbalète
Elle s'est répandue chez les navigateurs du XVIe siècle, leur permettant de définir l'angle entre l'horizon et un astre. L'observateur plaçait l'extrémité de la règle à l'œil et faisait coulisser le marteau le long d'une échelle jusqu'à ce que les deux bouts du marteau soient alignés l'un sur l'horizon et l'autre sur l'astre. Le calcul de la latitude était alors possible.

Utilisation de l'astrolabe

L'astrolabe arabe
Amélioré par les astronomes arabes, il figurait le ciel en deux dimensions. Comme on le devine sur la petite image, une règle diamétrale était alignée de manière qu'un rayon de soleil ou une étoile soit visible à travers deux petits crans de visée sur l'alidade, ou baguette centrale. La règle mobile indiquait alors sa hauteur angulaire sur le cercle gradué.

Utilisation du sextant

Sextant utilisé par Cook au cours de sa troisième expédition dans le Pacifique (pp. 34-35)

Le sextant
Inventé au milieu du XVIIIe siècle en Angleterre, il a remplacé l'arbalète et le quartier de Davis. Grâce à un système de miroirs, il mesure la latitude au centième de degré près. L'utilisateur faut coulisser l'alidade mobile jusqu'à ce que le petit et le grand miroir réfléchissent le soleil tout en gardant la lunette pointée sur l'horizon. On lit alors l'angle mesuré qui est la hauteur angulaire, un des éléments du calcul du point.

Le compas
Dès le XIIe siècle, les marins s'en servaient pour suivre leur route. Les premiers compas étaient des aiguilles magnétisées qui, placées sur un flotteur dans un récipient contenant un liquide, indiquaient le nord. Puis l'aiguille a été montée sur une rose et tenue en équilibre par un pivot central, afin de permettre aux navigateurs une lecture précise des points indiqués.

Le livre de bord
Chaque capitaine tenait un journal de bord analogue à celui-ci. Y étaient consignés les parcours des routes et les distances parcourues. Il y mentionnait aussi les événements du voyage : maladies et décès à bord, punitions infligées à l'équipage.

Journal de bord de 1770, orné de dessins représentant les profils de côtes et les bâtiments rencontrés

Leghorn towards London in the Ship Betsey July 1770
Sunday July y^e 29th 1770
Courses | Winds
Light airs variable, with pleasant Weather all these 24 hours &c as p^r Log.
Latt. Observ'd 37. 44. North
Monday July 30th 1770
Views of Headlands, Capes &c. Bearings as Follows

Guerrier aztèque en or

AU NOM DE L'OR ET DE L'ÉVANGILE

En 1492, lorsque Christophe Colomb quitta Palos pour traverser l'Atlantique, il espérait découvrir une nouvelle route vers la Chine et les « îles des épices » (pp. 22-23). En fait, il découvrit les Indes occidentales, des îles habitées par des tribus primitives et démunies. En 1519, l'Espagne voulut établir un comptoir commercial sur le continent lui-même, et envoya Fernand Cortés à Veracruz, au Mexique. Cortés fut stupéfait de l'accueil que lui firent des « ambassadeurs » richement vêtus, chargés de présents et d'or. Mais, insatiable, il décida de s'enfoncer dans le pays, en quête de richesses plus conséquentes. Il les trouva quand il rencontra les Aztèques et leur or. En deux ans, avec sa petite troupe, il décima ce vieil empire. Un sort identique attendait celui des Incas, conquis en 1532 par un autre Espagnol, Francisco Pizarro. D'où une ruée vers l'or dans laquelle s'engagèrent de nombreux Espagnols, pillards autant que conquistadors, qui furent les premiers explorateurs de l'Amérique du Sud et les fondateurs de nombreuses colonies.

La richesse du costume des guerriers aztèques dépendait du nombre de prisonniers qu'ils avaient faits.

ASSIÉGÉS

Au cours de la conquête du Mexique par les Espagnols, le lieutenant de Cortés, Pedro de Alvarado, fit irruption au milieu d'une cérémonie religieuse. Furieux, des guerriers aztèques l'encerclèrent, et beaucoup d'Espagnols ne durent leur salut qu'à l'intervention de Cortés.

CASQUE PROTECTEUR

Grâce à leur armure et à leur casque (comme ce morion), les Espagnols avaient la supériorité dans les combats au corps à corps. En effet, les casques les protégeaient parfaitement des coups et leur laissaient une bonne visibilité. Ce modèle avait été conçu pour les mousquetaires qui devaient pouvoir ajuster leur tir et donc être libres de leurs mouvements.

LE SUPPLICE DE L'OR

Pour se venger des exactions des Espagnols chercheurs d'or, les Aztèques pratiquaient un effroyable supplice : ils leur faisaient boire de l'or fondu brûlant.

PAN ! PAN !

Le mousquet était l'arme la plus utilisée par les conquistadors. Pas de décor superflu, pas de riches sculptures : ce fusil était produit en masse pour l'armée ; il permettait de tirer avec précision jusqu'à 50 m.

LE SERPENT-DIEU
L'un des symboles religieux les plus importants du Mexique ancien, le serpent, a donné sa forme à de nombreux objets d'art, comme cette mosaïque de turquoise. Les temples aztèques étaient souvent décorés de bas-reliefs représentant ce reptile. L'un d'eux avait même une porte d'entrée très particulière, comme une immense gueule de serpent. Etre piqué était considéré comme une bénédiction des dieux ! Le plus grand dieu aztèque était Quetzalcóatl, le « serpent à plumes ».

Vase maya peint, avec son couvercle

Les guerriers portent des costumes d'animaux.

L'ART DE LA CÉRAMIQUE
La civilisation maya s'est développée dans les forêts tropicales du Yucatán, au Mexique, où l'on a trouvé les ruines de nombreuses villes et de grands temples en pierre. Ces extraordinaires constructeurs étaient aussi d'habiles potiers. C'est entre le IIIe et le IXe siècle que les Mayas ont connu leur apogée, mais leur civilisation s'était maintenue jusqu'à la conquête espagnole aux XVIe et XVIIe siècles.

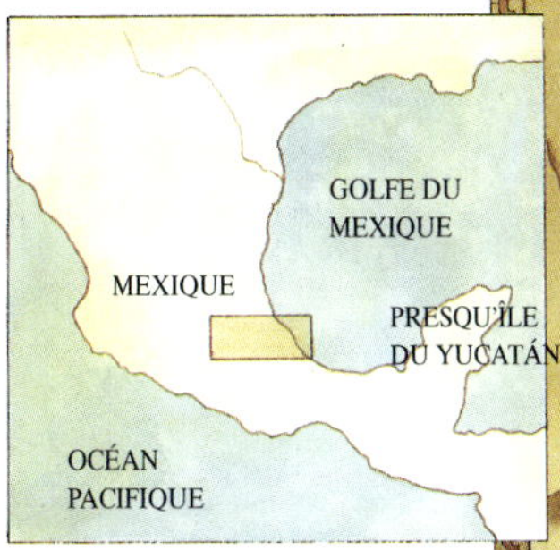

Le rectangle brun, sur cette carte du Mexique, correspond à la carte agrandie à droite.

L'ITINÉRAIRE DE CORTÉS
Après avoir débarqué à Veracruz, Cortés et son armée durent traverser des régions montagneuses pour atteindre Tenochtitlán, la capitale de l'Empire aztèque. En chemin, ils furent aidés par des tribus ennemies des Aztèques. Cortés détruisit Tenochtitlán et éleva sur ses ruines une nouvelle ville, Mexico.

Mèche

Amorce

Crosse en bois

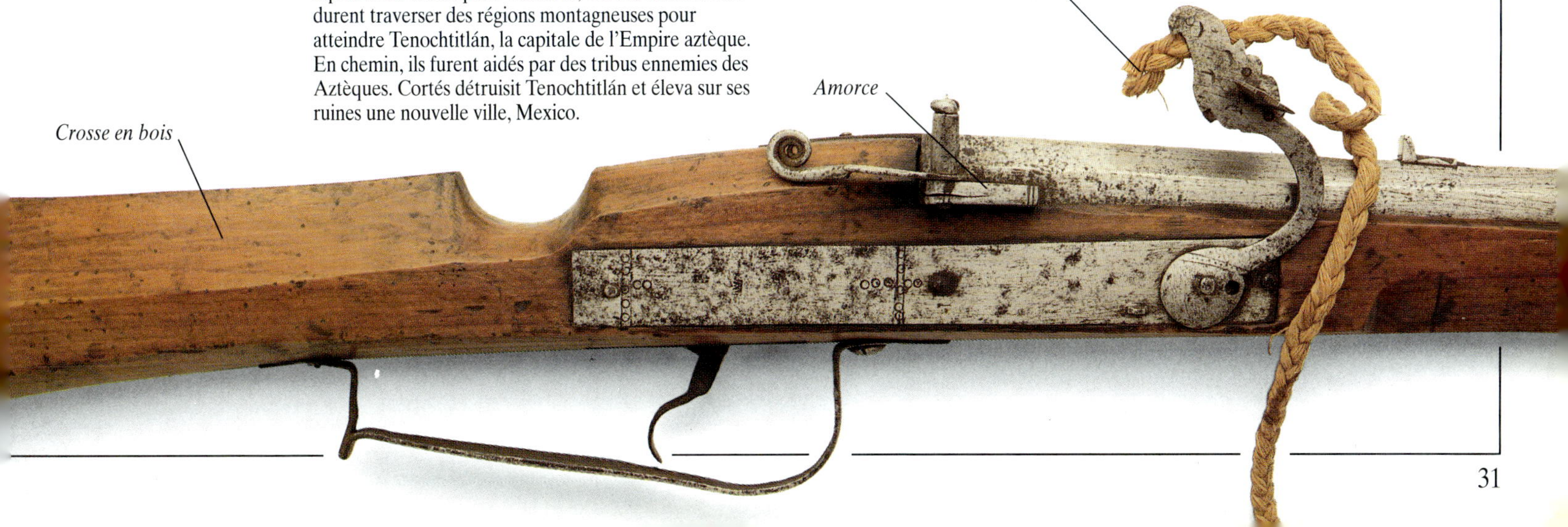

DES DOUBLONS EN OR
Le Mexique et le Pérou regorgeaient d'or et d'argent. L'or des mines d'Amérique était fondu sur place et coulé en pièces de monnaie que les Espagnols envoyaient en métropole par vaisseaux entiers.

Doublons en or du XVIIIe siècle

Le lion de León et le château de Castille, deux des symboles de la maison d'Espagne

Les piliers d'Hercule (Gibraltar), symbole de l'Empire espagnol

Un conquistador est représenté sur ce gobelet.

LE GOBELET DE PIZARRO
Sculpté dans du bois et décoré par un artisan inca, ce gobelet du XVIe siècle fut envoyé en Espagne après l'assassinat de Pizarro par Diego el Monzo, le fils de son ancien compagnon devenu son rival, Almagro. Pizarro gouverna pendant huit ans l'Empire inca, imposant aux fiers et valeureux Indiens une administration coloniale et la mise en coupe réglée de toutes les richesses du pays.

LA MORT D'UN GRAND ROI
Lors de sa première rencontre avec l'empereur Atahualpa, surnommé l'Inca, Pizarro l'attaqua par surprise et l'emprisonna. Bien qu'Atahualpa ait payé une rançon importante, Pizarro jugea dangereux de le libérer et le fit exécuter.

Pousse de quinoa

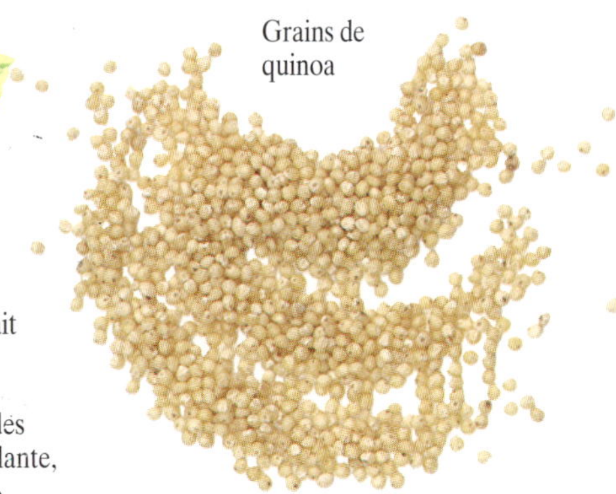

Grains de quinoa

« LE GRAIN DES DIEUX »
La nourriture des Incas consistait pour l'essentiel en une céréale inconnue en Europe : le maïs, grillé ou bouilli. S'y ajoutaient des pommes de terre et une autre plante, le quinoa, ou « grain des dieux ».

DES AVEUX FORCÉS
En 1539, Hernando de Soto, compagnon de Pizarro, débarqua en Floride et se dirigea vers le nord à la recherche d'or, comme tous les conquistadors. Ne trouvant rien, il se persuada que les Indiens lui cachaient leurs trésors et les soumit à d'horribles tortures pour leur arracher des aveux.

UNE RELIGION CRUELLE
La religion des Aztèques nous paraît cruelle. Ils voyaient dans les sacrifices humains une façon d'honorer leurs dieux, notamment Huitzilopochtli, le dieu du Soleil, auquel étaient immolées de nombreuses victimes, le cœur arraché encore tout palpitant.

LE DERNIER CONQUISTADOR
Ayant entendu parler d'une cité fabuleuse, loin vers le nord de l'Amérique, Francisco Coronado prit en 1540 la tête d'une expédition qui parcourut une partie du territoire des Etats-Unis actuels. Il atteignit le Kansas et découvrit le Grand Canyon du Colorado, mais ne trouva jamais d'or et encore moins la ville dont il avait rêvé.

Les conquistadors avaient avec eux leur chapelet, avec lequel ils récitaient leurs prières.

AU NOM DE L'ÉVANGILE

Les conquistadors espagnols se battaient en même temps pour leur roi et pour leur foi, la religion catholique, qu'ils voulaient étendre au reste du monde. Leurs armées comprenaient toutes un aumônier, qui dispensait les sacrements et s'occupait de convertir tous les païens que les Espagnols soumettaient. Choqués par la violence des religions indiennes – surtout par les sacrifices humains –, prêtres et soldats mettaient d'autant plus d'ardeur à détruire les temples et à exécuter les prêtres indigènes, ce qui provoqua la destruction totale des civilisations aztèque et inca. Cette politique fut une parfaite réussite puisque, aujourd'hui, la religion dominante dans toute l'Amérique du Sud est le catholicisme.

LES MISSIONS SCIENTIFIQUES AUX MERS DU SUD

C'est à la fin du XVIIIe siècle que fut résolu le mystère de « la Grande Mer du Sud », comme on appelait alors l'océan Pacifique. Jusque-là, on ne connaissait pas la côte est de l'Australie et l'on croyait la Nouvelle-Zélande formée d'une seule île. En 1768, James Cook, excellent navigateur et cartographe, quitta Plymouth, en Angleterre, avec la mission de dresser la carte du Pacifique pour l'Amirauté britannique. Ce premier voyage lui permit de rendre compte du tracé exact des côtes de l'Australie et de la Nouvelle-Zélande. Au cours d'un second voyage, en 1772, il longea l'Antarctique et releva de nombreuses îles nouvelles. C'est en 1776 qu'il découvrit les îles Hawaï et explora les côtes de l'Alaska.

LE CAPITAINE JAMES COOK
Ce portrait fut exécuté au retour du second voyage de l'explorateur. Sa femme le trouvait ressemblant, mais un peu trop sévère.

Compas à pointes sèches

Porte-plume

Compas

Règle parallèle

Secteur ou pied-de-roi

LES INSTRUMENTS DU CARTOGRAPHE
C'est avec des instruments similaires que le capitaine Cook dressa ses très précises cartes du Pacifique.

ABEL TASMAN
Au XVIIe siècle, le Hollandais Abel Tasman contourna, sans le savoir, la côte sud de l'Australie. En revanche, il découvrit la Nouvelle-Zélande et les îles Fidji.

LES PREMIÈRES CARTES
En bas de cette carte hollandaise de 1590 environ, on voit une *Terra australis nondum cognita* (« Terre australe inconnue »). Cette terre qui fit rêver philosophes et scientifiques, c'est l'Antarctique.

MONTRE MARINE
Il fallait une heure très précise – à la seconde près – pour déterminer la longitude des navires. Cook utilisa ce chronomètre lors de son second voyage.

UN DRÔLE D'ANIMAL
Le capitaine Cook et ses marins rencontrèrent au cours de leurs escales des animaux inconnus. Les kangourous les étonnèrent tout particulièrement. « On aurait pu les prendre pour des chiens sauvages, à cela près qu'ils sautaient comme des lièvres », écrivait Cook.

LA MORT DE COOK
Le capitaine Cook avait pour principe d'établir de bonnes relations avec les indigènes. D'emblée, les Hawaïens le prirent pour un dieu, mais voyant un de ses hommes mourir, ils considérèrent alors ces Blancs comme de simples mortels. A la suite d'un incident – un canot volé que Cook voulut récupérer –, une bagarre éclata entre Hawaïens et marins, au cours de laquelle l'explorateur trouva la mort.

UNE CUISINE PERSONNELLE
Les repas des officiers et des marins étaient préparés dans la cuisine du bord. Un riche naturaliste, Joseph Banks (p. 51), avait préféré, pour accompagner Cook dans son premier voyage, apporter son propre matériel de cuisine en modèle réduit.

TABLETTE DE BOUILLON
Cook, attentif à la santé de ses hommes, avait embarqué des tablettes de concentré de bouillon de moelle de bœuf, qui permettaient de reconstituer une soupe censée préserver du scorbut.

UN VILLAGE POLYNÉSIEN
Cette image est celle de Nagaloa, village des îles Fidji, tel qu'il apparut aux premiers Européens.

ARBRE À PAIN
Les gros fruits de cet arbre polynésien mûrissent vite et sont très appréciés.

PECTORAL DE PLUMES
Les rois et chefs locaux que Cook rencontrait étaient vêtus de parures colorées faites avec des plumes d'oiseaux indigènes. Ce pectoral de plumes, rapporté par Cook, ornait la poitrine d'un roi tahitien.

OBJET UTILE
Les artisans polynésiens étaient habiles à sculpter le bois, produisant de beaux objets comme ce pilon en bois d'arbre à pain.

CHASSE-MOUCHES
Les rois, les reines et les nobles tahitiens jouissaient de privilèges, dont celui de disposer de chasse-mouches pour s'éventer et éloigner les insectes. Des règles religieuses sévères – « tabous » – interdisaient leur usage aux autres classes de la population.

À BORD DE L'« ENDEAVOUR » AVEC COOK

Pour son premier voyage, Cook choisit pour vaisseau amiral l'*Endeavour,* un navire charbonnier de 370 tonneaux, construit à Whitby, ville portuaire à l'embouchure de l'Esk. Ces bateaux étaient conçus pour transporter du charbon du nord de l'Angleterre à Londres. Ils avaient de vastes cales, pas de décor de proue et une poupe étroite. Cook les connaissait bien puisque dans sa jeunesse il y avait été embarqué, et en appréciait les qualités. Il savait notamment qu'on pouvait les soumettre aux épreuves de la mer.

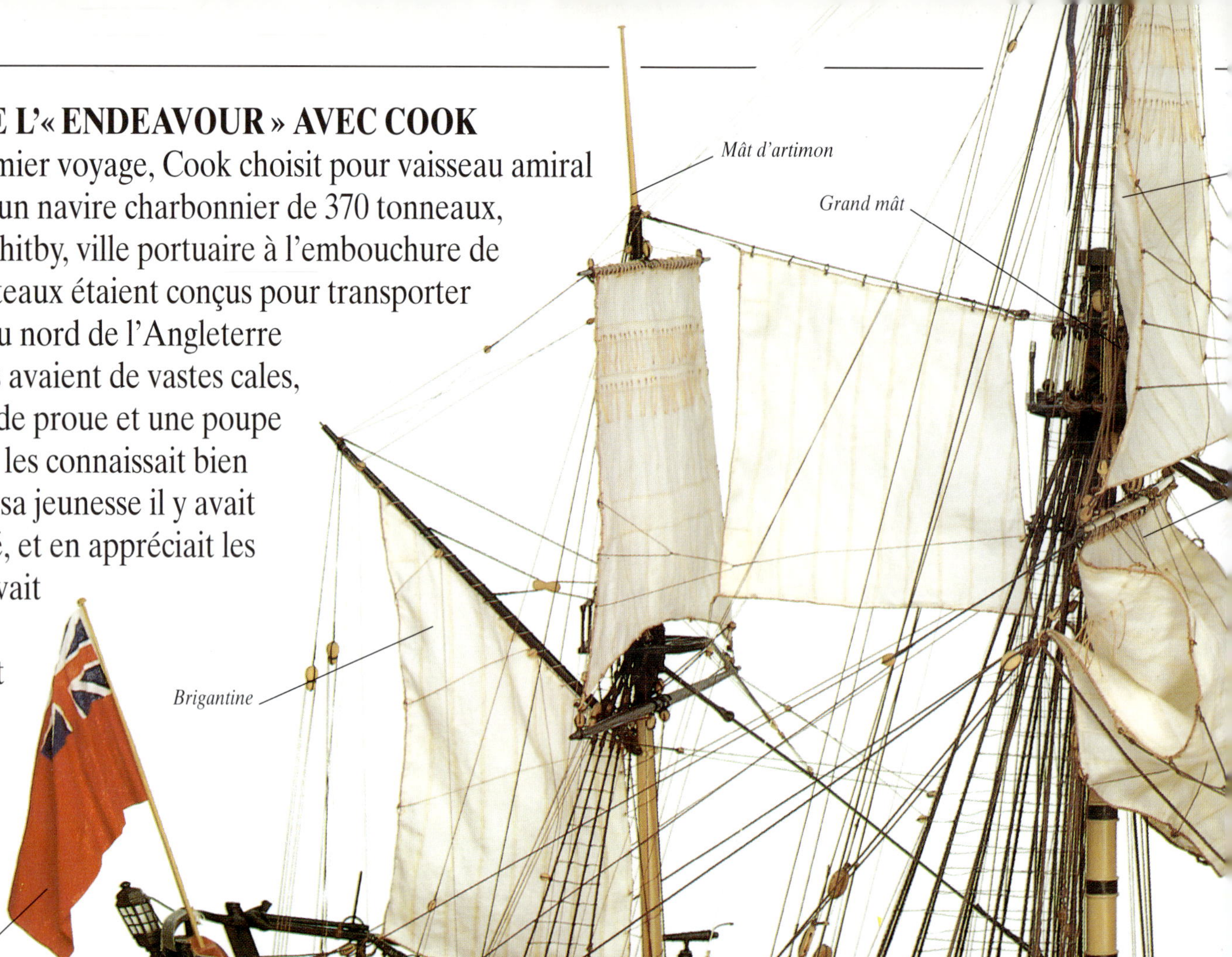

CARACTÉRISTIQUES DE L'« ENDEAVOUR »

Ce bateau charbonnier pouvait embarquer d'importantes cargaisons et de nombreux hommes d'équipage. Comme tous les navires de ce type, c'était un trois-mâts : le mât de misaine et le grand mât portaient de grandes voiles carrées, tandis que le mât d'artimon avait en plus la brigantine. Avec ce gréement, l'*Endeavour* pouvait affronter tous les temps. La cale avait été spécialement aménagée pour contenir les vivres nécessaires à un aussi long voyage et les équipements scientifiques. Au cours du trajet, les stocks diminuant, de la place se libérait pour les échantillons de plantes et les animaux collectés par les naturalistes.

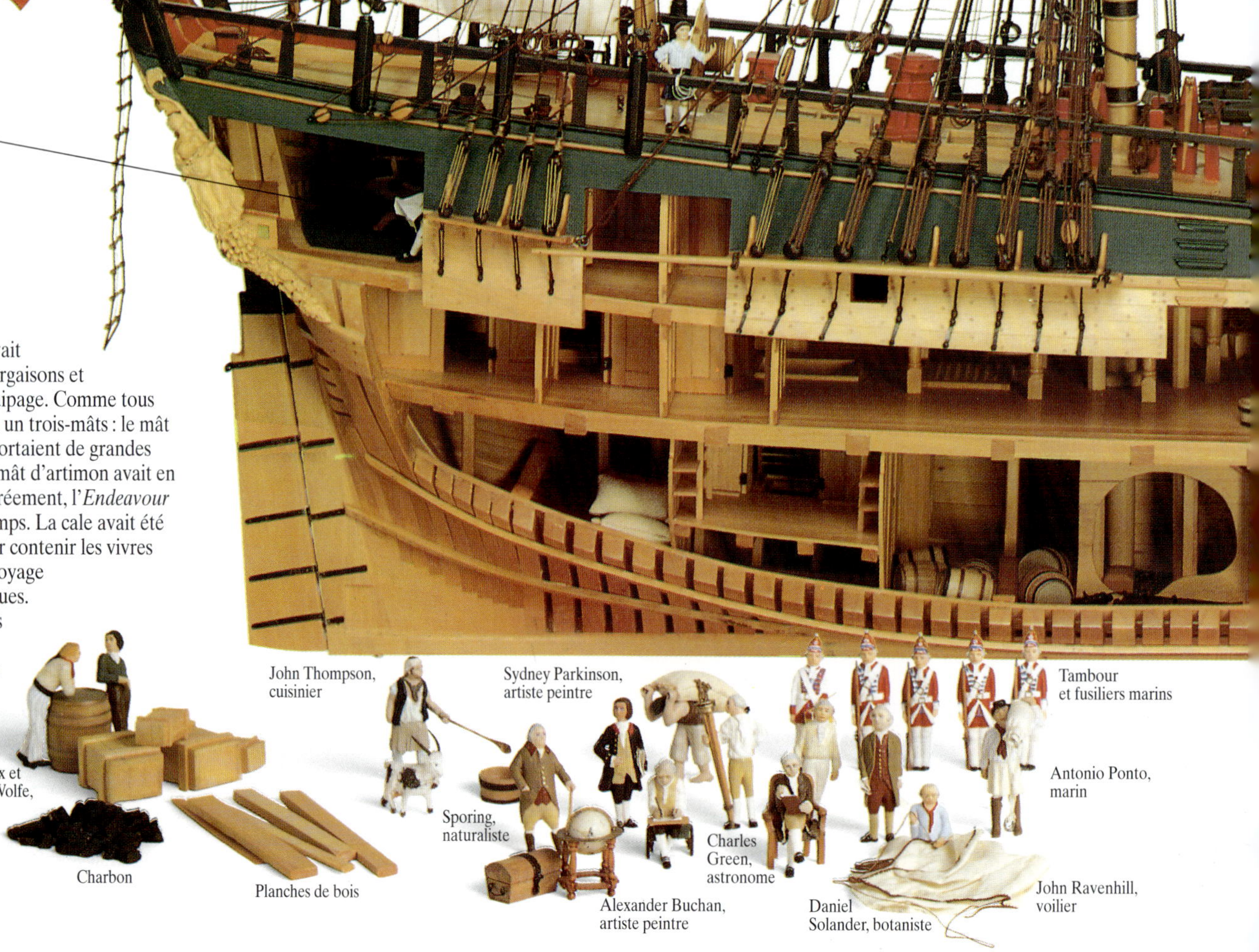

L'ÉQUIPAGE

Navire d'exploration, l'*Endeavour* avait un équipage adapté à sa mission scientifique. Cook était secondé par des officiers qui dirigeaient les manœuvres et l'assistaient. L'équipage était composé de matelots assurant, les uns la navigation, les autres, voiliers et charpentiers, l'entretien du bâtiment. Les fusiliers marins, chargés de la discipline à bord, constituaient la compagnie de débarquement et prévenaient les actes d'hostilité des populations autochtones. À bord, avaient également pris place les savants chargés des observations et des expériences, et les dessinateurs consignant la représentation des lieux découverts.

La traversée de l'Australie

Les premiers découvreurs de l'Australie furent les Hollandais, qui abordèrent sur la côte ouest en 1616. Mais ce n'est qu'au XVIIIe siècle, avec les voyages de Cook puis de Matthew Flinders, que les Européens se représentèrent mieux ce vaste continent. Les premiers colons, des forçats libérés, débarquèrent en 1788 à Botany Bay ; d'abord, ils se contentèrent du littoral, car on ne trouvait pas de route permettant de franchir la Cordillère australienne à l'ouest de Sydney. En 1813 cependant, John Blaxland, William Lawson et William Wentworth trouvèrent un passage, en franchissant la chaîne plutôt qu'en cherchant à suivre les vallées. Et ils découvrirent de riches pâturages. À leur suite, les colons voulurent aller plus loin vers l'intérieur, mais beaucoup périrent dans les zones désertiques. Un sort auquel échappa Peter Warburton, un préfet de police à la retraite qui, en 1873, traversa de bout en bout les grands déserts australiens.

Le prix de la victoire
En 1860, Robert Burke et John Wills quittèrent Melbourne, au sud, pour tenter la traversée de l'Australie. A Cooper's Creek, ils abandonnèrent hommes et bagages, et décidèrent de continuer avec seulement deux compagnons. Cette équipe atteignit effectivement la côte nord, mais Burke et Wills moururent sur le chemin du retour.

« Mer ! »
L'expédition John Stuart partit d'Adélaïde en 1862, pour atteindre la côte nord. Lorsque l'un des hommes s'arrêta en criant « Mer ! », ce fut la stupeur. Tous pensaient avoir encore des kilomètres à parcourir.

(La traversée de l'Australie par Burke et Wills)

Une pause bien méritée
En 1828, le capitaine Charles Sturt fut chargé d'explorer le cours de différentes rivières qui descendent de la Cordillère australienne. Il parcourut ainsi 1 600 km, découvrit de fertiles pâturages et arriva à la mer. Plus tard, Sturt fit une tentative pour pénétrer le plus loin possible à l'intérieur du pays, mais il dut renoncer, à cause des températures torrides qui y régnaient.

Chaîne d'arpenteur

LA FLÛTE DE FLINDERS
Matthew Flinders (ci-dessous) ne se séparait pas de sa flûte, dont il jouait pendant ses longues traversées.

MATTHEW FLINDERS
C'est en 1798 que l'officier de marine anglais Matthew Flinders fut chargé d'explorer la Tasmanie, ce qu'il fit en contournant les côtes de cette contrée. Trois ans plus tard, il fit le tour de l'Australie, en dressa la carte maritime, prouvant ainsi qu'il s'agissait d'une unique et immense terre, de la dimension d'un continent.

LES DISTRACTIONS D'UN EXPLORATEUR
Le jeu de trictrac avait été embarqué par Flinders pour son voyage de circumnavigation de l'Australie. En effet, à bord, il était d'usage que le capitaine invite ses officiers à partager des jeux de société. Flinders avait aussi avec lui sa mascotte, le chat Trim, qui périt noyé au cours d'un naufrage, en 1804.

UN MAXIMUM D'AFFAIRES DANS UN MINIMUM DE PLACE
La place à bord était limitée, et tous, du capitaine aux plus jeunes officiers, devaient faire tenir leurs effets dans un simple coffre de bois. Celui-ci a appartenu à Flinders.

CHAÎNE D'ARPENTEUR
C'est avec des instruments d'arpentage très rudimentaires que l'on dressa la carte de l'Australie. On mesurait l'espace en chaînes d'environ 20 m de long (à gauche). Lorsque les explorateurs découvraient un site permettant d'établir un port, un village ou une exploitation, ils commençaient par en dresser avec soin le plan.

OÙ EST LE PASSAGE DU NORD-OUEST ?

Le grand rêve des navigateurs fut de découvrir une nouvelle route maritime pour atteindre la Chine par le nord. Les routes par le sud de l'Amérique ou de l'Afrique étaient aux mains des Espagnols et des Portugais (pp. 20-21). Les expéditions qui tentèrent d'explorer les eaux glacées de l'Extrême-Nord durent renoncer, vaincues par le froid et les vents contraires. Et nul ne pensa plus à se lancer dans cette aventure jusqu'à l'annonce, en 1817, d'une récompense de 20000 livres offerte par le gouvernement britannique à celui qui réussirait. De toutes les expéditions qui s'ensuivirent, la plus dramatique fut celle de John Franklin, en 1845, dont tous les membres périrent. Ce n'est qu'en 1903 que le Norvégien Roald Amundsen (pp. 54-55) franchit en bateau à vapeur le fameux passage, lors d'un voyage qui dura trois ans.

SUR LES MERS GELÉES
Lors de sa troisième tentative pour découvrir le passage du Nord-Ouest, le bateau du Hollandais William Barents fut pris par les glaces ; l'équipage survécut, mais Barents mourut sur le chemin du retour, en 1597.

JEAN CABOT
En 1497, sur l'ordre de Henry VII d'Angleterre, ce navigateur vénitien entreprit de découvrir une nouvelle route maritime vers la Chine. Parti de Bristol, il arriva à Terre-Neuve (pp. 62-63), déjà découverte par les Vikings (pp. 12-13).

GIOVANNI VERRAZANO
Ce navigateur italien au service d'un armateur français découvrit en 1524 les baies de New York et de Narragansett. Ci-dessus, son bateau ancré devant Newport.

Carte des voyages d'Hudson et de Franklin

MARTIN FROBISHER
En 1576, la reine Elisabeth Ire d'Angleterre mit Frobisher à la tête d'une expédition destinée à découvrir le fameux passage du Nord-Ouest. Il découvrit l'île de Baffin, fit demi-tour, chargé d'un minerai présumé aurifère. Mais c'était de la pyrite, depuis lors surnommée « or des imbéciles ».

LES COUTEAUX DES INUITS
Les Inuits, ou Esquimaux, utilisent habituellement des instruments en os (ci-dessus à gauche). Ce couteau en os et en métal (ci-dessus à droite) est un témoin de la tragédie de l'expédition de Franklin : l'acier de sa lame provient des bateaux anglais désertés.

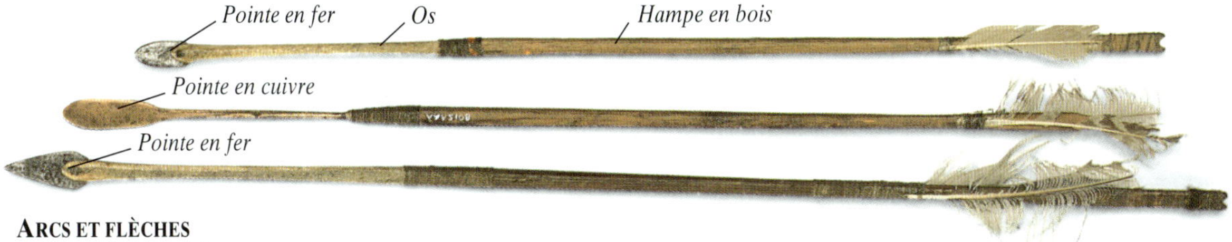

ARCS ET FLÈCHES
Des Anglais, partis à la recherche de Franklin, ont trouvé ces armes utilisées par des chasseurs inuits. Les pointes des flèches sont faites de métaux récupérés sur les navires de Franklin.

Inuit dans un canoë

HENRY HUDSON
Pour le compte de la Compagnie des Indes néerlandaises, Hudson partit en 1609 à la recherche du passage du Nord-Ouest. En 1610, il repartit et découvrit le détroit et la baie d'Hudson. En juin 1611, l'équipage se mutina et le débarqua, avec son fils et huit autres marins, sur un canot. On n'entendit plus jamais parler d'eux.

DES LUNETTES DE NEIGE
Le soleil de l'Arctique, qui se réverbère sur la neige, est tellement éblouissant qu'il peut rendre temporairement aveugle. Ces lunettes de protection en cuir ont appartenu à John Franklin.

UNE BIEN VIEILLE CONSERVE
Cette boîte de rosbif a été trouvée en 1958, près de l'endroit où se perdent les traces de l'expédition Franklin, et faisait certainement partie de ses provisions. De telles boîtes étaient alors scellées au plomb, ce qui entraînait des troubles de santé. Au cours d'un voyage précédent, Franklin et ses hommes en avaient été réduits à manger « des morceaux de cuir brûlé, mélangés avec des lichens, les bois et les os d'un daim mort, et assaisonnés avec de vieilles chaussures » !

LE DERNIER MESSAGE
Après quatorze ans de recherches, le mystère fut enfin levé sur le sort de l'expédition Franklin. Le capitaine MacClintok, envoyé sur les traces de l'explorateur anglais par sa veuve, découvrit en 1859 ce message. Ecrit en avril 1848 par le lieutenant Gore, il rendait compte de la mort de Franklin et donnait des indications sur la route à suivre pour sortir de cet enfer glacé. Mais, pas plus que ses camarades, le lieutenant n'avait échappé à la mort.

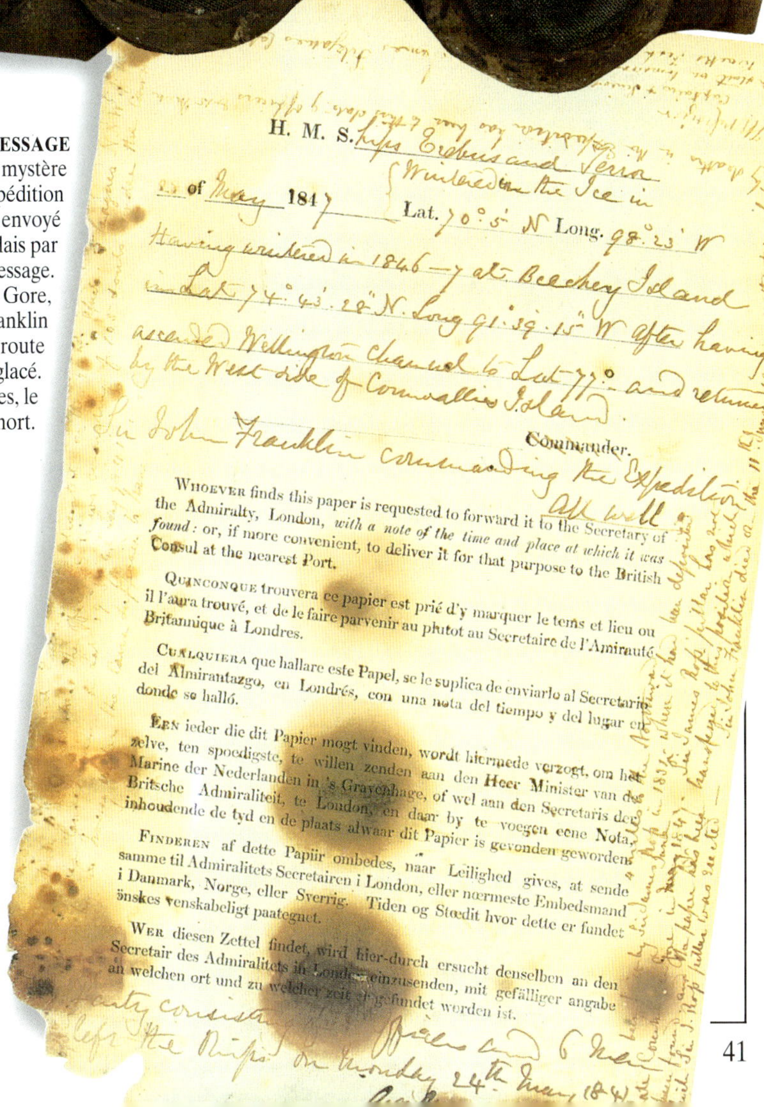

H. M. S. Ships Erebus and Terror
Wintered in the Ice in
28 of May 1847 Lat. 70°5' N Long. 98°23' W
Having wintered in 1846–7 at Beechey Island
in Lat 74°43'28" N. Long 91°39'15" W after having
ascended Wellington Channel to Lat 77° and returned
by the West side of Cornwallis Island.
Sir John Franklin commanding the Expedition.
All well
Commander.

WHOEVER finds this paper is requested to forward it to the Secretary of the Admiralty, London, *with a note of the time and place at which it was found*: or, if more convenient, to deliver it for that purpose to the British Consul at the nearest Port.

QUINCONQUE trouvera ce papier est prié d'y marquer le tems et lieu ou il l'aura trouvé, et de le faire parvenir au plutot au Secretaire de l'Amirauté Britannique à Londres.

CUALQUIERA que hallare este Papel, se le suplica de enviarlo al Secretario del Almirantazgo, en Londrés, con una nota del tiempo y del lugar en donde se halló.

EEN ieder die dit Papier mogt vinden, wordt hiermede verzogt, om het zelve, ten spoedigste, te willen zenden aan den Heer Minister van de Marine der Nederlanden in 's Gravenhage, of wel aan den Secretaris der Britsche Admiraliteit, te London, en daar by te voegen eene Nota, inhoudende de tyd en de plaats alwaar dit Papier is gevonden geworden.

FINDEREN af dette Papiir ombedes, naar Leilighed gives, at sende samme til Admiralitets Secretairen i London, eller nærmeste Embedsmand i Danmark, Norge, eller Sverrig. Tiden og Stædit hvor dette er fundet önskes venskabeligt paategnet.

WER diesen Zettel findet, wird hier-durch ersucht denselben an den Secretair des Admiralitets in London einzusenden, mit gefälliger angabe an welchen ort und zu welcher zeit er gefundet worden ist.

left the Ships on Monday 24th May 1847

L'un des navires de Franklin, le *Terror*, pris dans les glaces.

PRIS DANS LES GLACES
Parmi les dangers que réservent les mers arctiques, le plus grave est l'immobilisation dans les glaces. Ce fut le sort des deux bateaux de Franklin, l'*Erebus* et le *Terror*.

L'AMÉRIQUE EST HABITÉE !

Pendant que les conquistadors espagnols constituaient un empire et s'emparaient de l'or aztèque et inca (pp. 30-33), l'Amérique du Nord restait inexplorée. Au XVIe siècle seulement, le Malouin Jacques Cartier découvrit le Canada. Puis l'Anglais Henry Hudson et le Français Samuel de Champlain dressèrent les cartes des côtes orientales. À leur suite arrivèrent les premiers colons qui s'établirent sur la côte Est et le long du Saint-Laurent. En 1673, Louis Joliet et le père Marquette découvrirent la Louisiane qui devint une riche colonie où l'on compta jusqu'à 5 000 Français. Elle fut cédée en 1803 par Bonaparte aux États-Unis pour 15 millions de dollars. Quatre ans plus tard, le président Jefferson envoya Meriwether Lewis et William Clark cartographier cette nouvelle acquisition ; d'autres suivirent et, peu à peu, l'intérieur de ce qui est devenu les États-Unis fut connu.

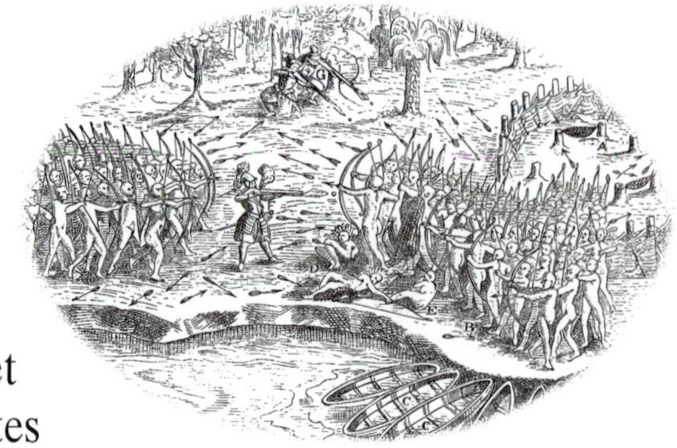

LES FUSILS ÉCRASENT LES ARCS
Au cours de son troisième voyage d'exploration du Canada, en 1608, Samuel de Champlain jeta les bases de la création de Québec. Puis, en 1609, allié à la tribu des Hurons, il infligea à leurs ennemis, les Iroquois, une lourde défaite à Ticonderoga. C'était un succès pour les armes à feu des Français.

LE CANOË PASSE PARTOUT
Jusqu'au XVIIIe siècle, c'est par les rivières que put être exploré le continent nord-américain. Légers et maniables, les canoës inventés par les Indiens étaient en écorce de bouleau tendue sur un cadre en bois.

JACQUES CARTIER
A la recherche du passage du Nord-Ouest, Jacques Cartier (1491-1557) fit quatre voyages vers le Nouveau Monde. En 1534 il découvrit le Saint-Laurent qu'il remonta en 1536 jusqu'au site de Montréal. Arrêté par des rapides, il ne put aller plus avant.

Ce jeton valait une peau de castor.

AU FIL DES RIVIÈRES
Les négociants français qui partaient acheter des fourrures aux Indiens avaient établi des itinéraires à l'intérieur des terres à partir du Missouri. Il leur arrivait d'emmener avec eux leur animal favori !

Lame pointue avec un long côté tranchant

UN COUTEAU À TOUT FAIRE
C'était le compagnon indispensable des colons et des trappeurs. Un pionnier américain, Jim Bowie, donna son nom à ce poignard dont la solide lame pouvait infliger des blessures mortelles ou résister au travail de tous les jours, comme le dépeçage des animaux à fourrure.

Les castors, dont la peau était très recherchée, étaient la proie des trappeurs.

UNE ENTREPRISE FLORISSANTE
La Compagnie commerciale de la baie d'Hudson émettait sa propre monnaie : les billets (ci-dessus) pouvaient être échangés contre des pièces anglaises en argent dans ses bureaux de Londres. Les jetons de cuivre étaient donnés en paiement de peaux de castors aux trappeurs et aux Indiens. Ceux-ci faisaient alors des achats dans les magasins de la Compagnie.

Les canoës en écorce de bouleau (ci-dessus) étaient utilisés par une ancienne tribu indienne de Terre-Neuve, les Beothuks, d'origine algonquine.

Ce scalp a été pris sur un Indien du Canada.

UNE CONQUÊTE FACILE
En avril 1682, l'explorateur français Robert Cavelier de la Salle s'installa à l'embouchure du Mississippi et en revendiqua la propriété pour la France. Il en fit de même pour toutes les terres avoisinantes, qu'il nomma Louisiane, en l'honneur de Louis XIV.

UN SCALP INDIEN
Les tribus indiennes connues des explorateurs de l'Amérique du Nord étaient en permanence sur le sentier de la guerre. Pour eux, le scalp d'un ennemi était le plus important des trophées. Le guerrier vainqueur détachait lui-même le cuir chevelu du vaincu, et, parfois, le montait sur un cadre en bois.

SOUVENIR DE VOYAGE
Charles Wilkes, officier de marine et explorateur américain, a rapporté ce masque en bois, sculpté par les Indiens du nord-ouest du Pacifique, d'une expédition sur la côte ouest de l'Amérique du Nord, dont il dressa la carte, vers 1838. Wilkes a aussi navigué dans le Pacifique Sud et exploré des côtes de l'Antarctique qui portent son nom, terre de Wilkes.

PRIS DANS LES RAPIDES
En 1789, le voyageur écossais Alexander Mackenzie se lança dans l'exploration du Nord-Ouest canadien. Il fut le premier Européen à atteindre le fleuve qui porte aujourd'hui son nom, et qu'il remonta jusqu'à l'océan Arctique.

« PIC PIKE »
Zebulon Pike est connu pour avoir laissé son nom au pic Pike du Colorado, qu'il découvrit en 1806. Il a aussi établi les cartes de grandes plaines et montagnes de l'Ouest.

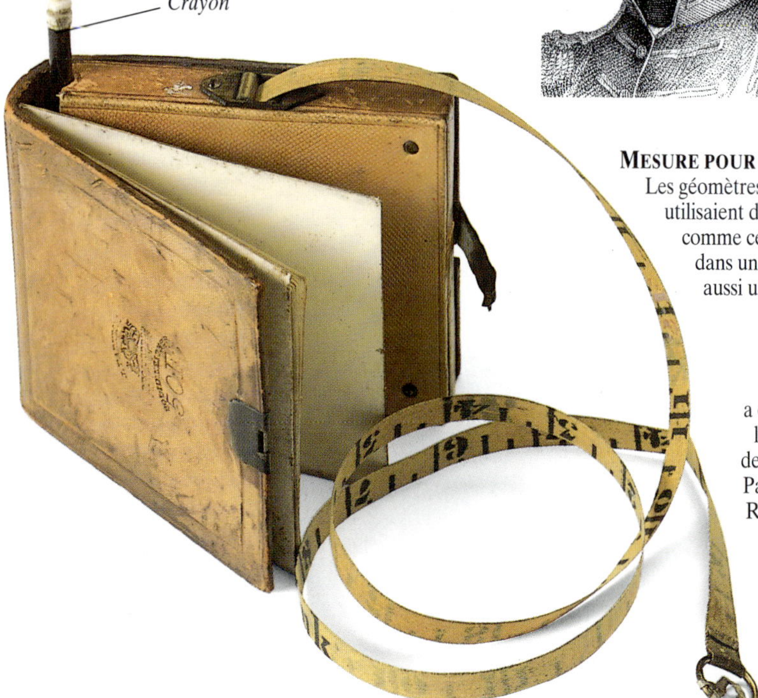

Crayon

MESURE POUR MESURE
Les géomètres du XIXe siècle utilisaient des mètres en lin comme celui-ci, qu'ils rangeaient dans un étui en cuir renfermant aussi un carnet et un crayon.

HISSONS LE PAVILLON
Officier américain, John Frémont a conduit plusieurs expéditions dans le Far West. En 1842, il fit le relevé de l'Oregon, de Platte River à South Pass. L'année suivante, il explora les Rocheuses du Colorado où il planta la bannière étoilée sur ce qu'il croyait être le plus haut sommet. En 1853, il étudia les possibilités d'un chemin de fer à travers le continent, jusqu'en Californie.

PEAU DE BISON
Meriwether Lewis et William Clark ont rapporté cette peau de bison de leur voyage à travers l'Amérique jusqu'au Pacifique, de 1804 à 1806, naviguant sur le Missouri et la Columbia. Les dessins représentent les combats de tribus indiennes rivales.

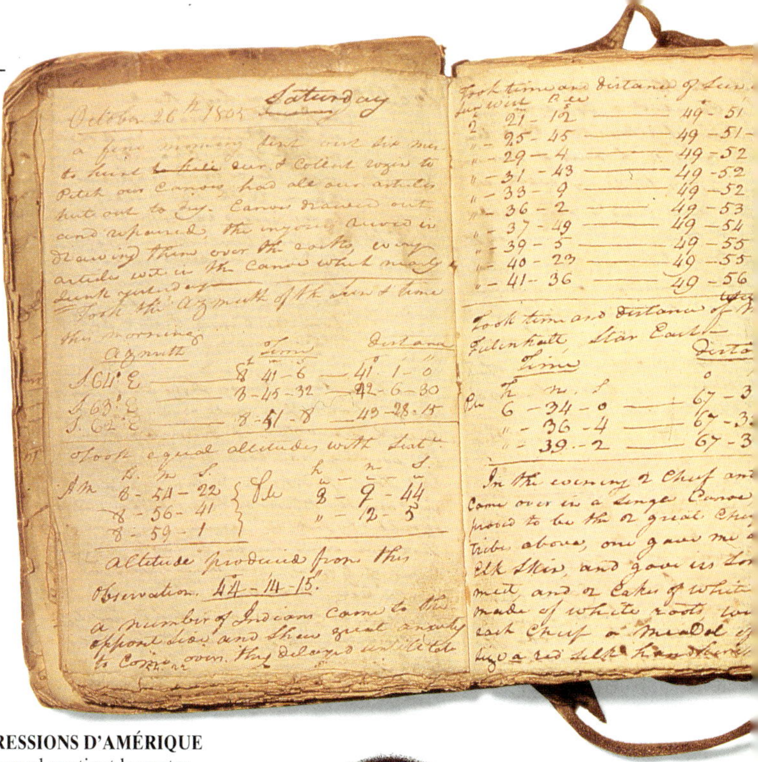

IMPRESSIONS D'AMÉRIQUE
Ce journal contient les notes méticuleuses prises par Lewis et Clark. Ils consignaient tous les détails géographiques des montagnes et des rivières, ainsi que des informations sur les tribus indiennes locales et la vie animale.

WILLIAM CLARK
Il avait 33 ans lorsqu'il codirigea la première expédition américaine dans les territoires entre le Mississippi et le Pacifique. Il était chargé de dessiner les cartes et de faire régner la discipline.

MERIWETHER LEWIS
Soldat, comme Clark, il avait un grade élevé pour son âge. Il fut l'organisateur de l'expédition, dont il recruta les membres.

Boussole de Clark

TROUPEAUX IMMENSES
Les premiers explorateurs d'Amérique du Nord furent stupéfaits de découvrir par milliers des bisons qui parcouraient les plaines. Cette peinture est signée du naturaliste américain du XIXe siècle d'origine française, John James Audubon.

Aventures au fond de l'Afrique

Alors que des navigateurs sillonnaient les mers du globe et que des explorateurs se lançaient à la découverte des autres continents, l'Afrique restait un vaste espace vide au milieu des cartes du monde. Elle suscitait la peur chez les Européens : maladies tropicales – qui en un jour tuaient les mieux portants –, lions et crocodiles qui hantaient jungles et savanes, et aussi ces tribus sauvages qui, face à l'homme blanc, ne songeaient qu'à la guerre. À partir de 1850, le « sombre continent » s'éclaircit. Grâce aux médicaments, les maladies sont moins fatales ; grâce aux fusils modernes, les fauves peuvent être abattus et les Noirs intimidés. C'est le temps où l'on commence à s'aventurer sur les fleuves d'Afrique centrale, à la recherche des sources du Nil, tandis que d'autres traversent les plaines d'Afrique du Sud, ou pénètrent les jungles pour évangéliser les indigènes.

« Dr. Livingstone, je présume ? »
Ainsi s'exprima Henry Stanley, en novembre 1871, à Ujiji, un village perdu au bord du lac Tanganyika. Le journaliste américain venait de retrouver le missionnaire anglais qui s'était donné pour but de faire abolir le trafic arabe des esclaves (pp. 18-19). On était sans nouvelles de lui depuis 1866.

Symbole colonial
Protégeant du soleil, le casque était la base de l'équipement du vrai explorateur. Celui-ci a appartenu à Stanley, qui le portait le jour de sa rencontre historique avec Livingstone.

John Hanning Speke
Explorateur de l'Afrique centrale, l'Anglais Speke accompagna sir Richard Burton au lac Tanganyika ; de là, il découvrit le lac Victoria. Il y revient en 1862 et prouva que le Nil y prenait sa source. L'un des grands mystères des explorations était résolu.

Flore et faune d'Afrique
Speke avait une formation de naturaliste ; lors de ses voyages, il prenait des notes et dessinait plantes et animaux. Ci-contre, des rhinocéros.

Les rhinocéros blancs sont aujourd'hui menacés d'extinction.

Qui se cache sous ce déguisement ?
Ce personnage vêtu à l'orientale est sir Richard Burton, un officier anglais qui avait appris 28 langues, dont l'arabe. Sous des costumes variés, il voyagea aussi bien en Asie du Sud-Est qu'en Afrique de l'Est, là où aucun Européen n'avait encore pénétré, en Afrique tropicale et en Amérique du Sud.

Flèches du Congo
Ces flèches pygmées furent lancées contre l'embarcation de Livingstone lorsqu'il descendit le Zambèze.

Les dangers du fleuve
Pour pénétrer à l'intérieur de l'Afrique, les fleuves restaient la meilleure voie d'accès. Mais naviguer n'était jamais de tout repos : Livingstone échappa aux flèches des Pygmées, mais eut bien du mal à sauver son matériel lorsqu'un hippopotame décida de s'amuser à renverser son bateau…

Casquette contre casque
A chacun son couvre-chef : face à Henry Stanley et son casque colonial, David Livingstone et sa casquette noire. Après les retrouvailles du lac Tanganyika, ce dernier, passionné de voyages, poursuivit ses explorations dans cette région, et y mourut de la dysenterie en 1873.

Loupe

Boussole de Livingstone

Porte-plume

La pièce en acier, nommée « fusil », contre laquelle venait frapper le silex dans les mousquets et les pistolets, donna son nom à cette arme qui se répandit dans le monde à la fin du XVIIe siècle.

Fusil à gros gibier
Ce fusil à éléphant était celui de Samuel Baker, l'un des Anglais partis à la recherche des sources du Nil. Avec sa femme, il parcourut l'Afrique, découvrit le lac Albert en 1864, et fut nommé pacha par le khédive d'Egypte.

Un monde de monstres
La carte du XVIe siècle montre que les côtes d'Afrique étaient connues, mais l'intérieur restait inexploré, peuplé par les cartographes d'êtres légendaires et de bêtes terrifiantes. Le Nil apparaît avec une source et un tracé fantaisistes.

Une drôle de façon de collecter des insectes !

L'ÉPOPÉE DES NATURALISTES

Le besoin d'aventure et de profit n'était plus le seul mobile des grands voyages ; s'y ajoutaient des préoccupations scientifiques. Il s'agissait alors de répertorier les espèces animales ou végétales que l'on rencontrait : les explorateurs eux-mêmes, souvent excellents naturalistes amateurs, rapportaient des collections d'histoire naturelle. Mais dès le milieu du XVIIIe siècle, se joignirent aux harassantes et dangereuses expéditions françaises et anglaises des savants ayant des instructions de recherche bien précises. Les voyages de Bougainville, de Cook, de La Pérouse firent ainsi progresser la zoologie et la botanique, et enrichirent les collections du Muséum de Paris et du British Museum de Londres.

HENRI BATES
Bates étudia pendant sept ans l'histoire naturelle avant d'accompagner, en 1848, Alfred Wallace (p. 49) en Amazonie. Dans ces régions tropicales encore jamais visitées par des Européens, il passa onze ans à collecter les insectes.

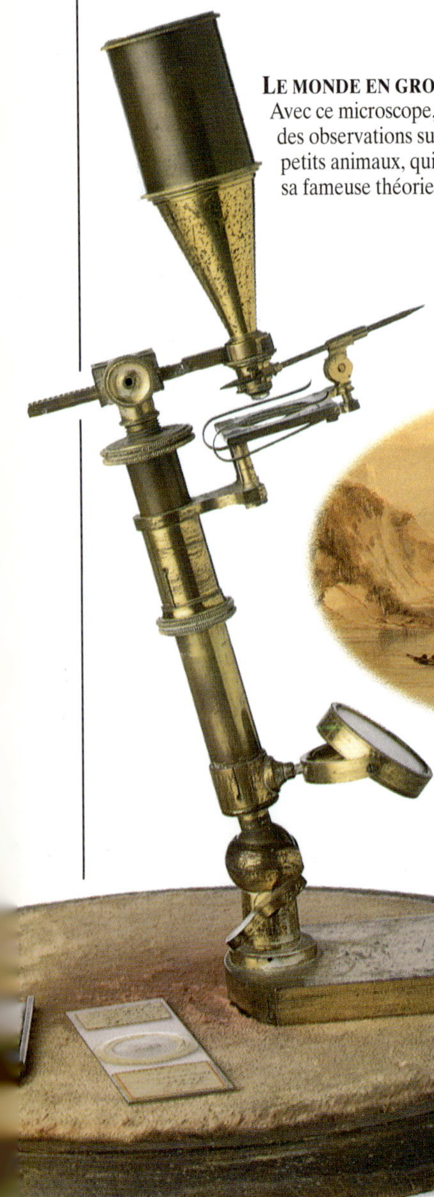

LE MONDE EN GROS PLAN
Avec ce microscope, Charles Darwin fit des observations sur des insectes et autres petits animaux, qui l'amenèrent à formuler sa fameuse théorie de l'évolution.

EMBARQUÉ
La Royal Navy britanique envoya en 1831 le *Beagle* (ci-dessus) explorer l'Atlantique Sud et le Pacifique Sud. Charles Darwin, à 22 ans, eut la chance d'être embarqué comme naturaliste. Il rapporta de multiples spécimens d'animaux.

BIEN RANGÉS
Il s'agit là de différents coléoptères rapportés par Darwin.

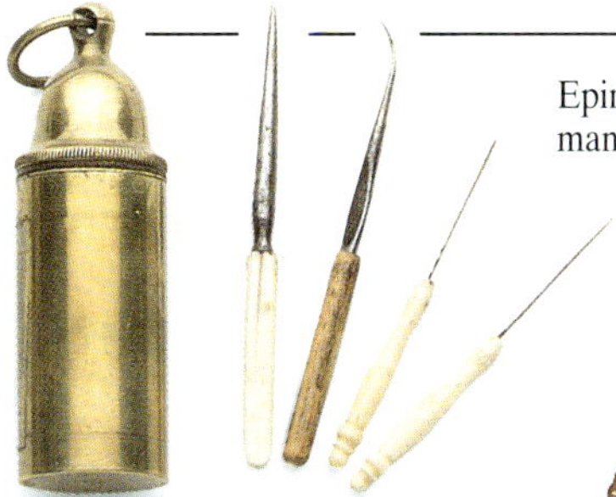

Bouteille à chloroforme en cuivre

Epingles à manche d'ivoire

LES ARMES DU NATURALISTE
Le chloroforme était employé pour tuer les animaux rapidement et sans douleur. On les épinglait sur un support pour les étudier.

À LA CHASSE AUX PAPILLONS
C'est avec un filet très léger que les naturalistes capturaient les insectes aux ailes délicates.

LES PAPILLONS DE JOSEPH BANKS
Naturaliste amateur, Banks embarqua avec Cook en 1768 (pp. 34-35). Au cours de l'exploration de l'océan Pacifique, Banks fut chargé de l'étude des animaux et des plantes. Il rapporta notamment d'Australie des papillons qui étaient inconnus jusqu'alors.

MARY KINGSLEY
Au temps de la reine Victoria, les femmes respectables restaient à la maison – mais pas Mary Kingsley ! Abandonnant sa vie confortable, elle s'aventura en Afrique de l'Ouest, à la recherche de nouveaux animaux, particulièrement de poissons. Elle y gagna le respect des scientifiques contemporains.

COMME UN POISSON DANS L'EAU
Pour prouver l'existence de nouvelles espèces, il ne suffisait pas d'en rendre compte par écrit, il fallait aussi rapporter des spécimens en bon état. Ainsi fit Mary Kingsley, pour ce poisson à museau *(Mormyrops sp.)* de la rivière Ogowe, en Afrique.

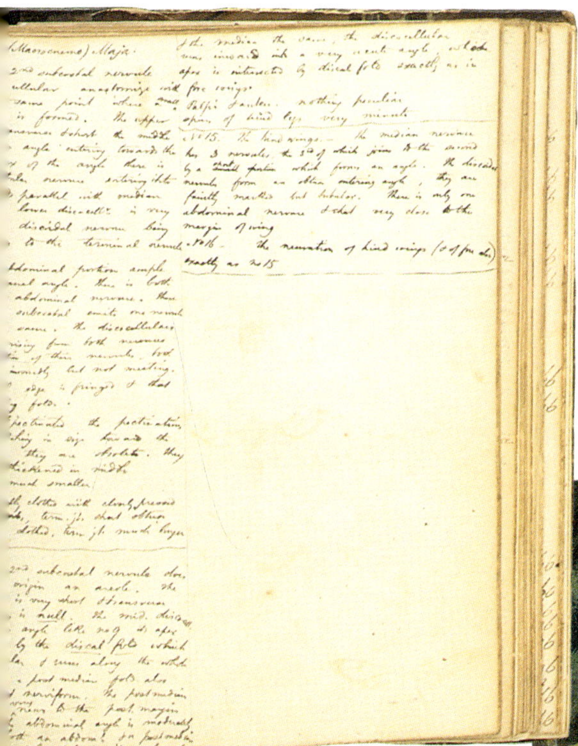

ALBUM D'UN NATURALISTE
Quotidiennement, Henry Bates tenait son journal et répertoriait les espèces d'insectes qu'il rencontrait. A ses notes étaient jointes des illustrations en couleurs, accompagnées de commentaires (ci-dessus). Au cours de son long séjour en Amérique du Sud, de 1848 à 1860, explorant le cours de l'Amazone, Bates inventoria plus de 8 000 nouvelles espèces d'insectes, dont 800 papillons.

ALFRED WALLACE
Wallace parcourut le monde à la recherche de nouvelles espèces, pour confirmer les théories de son ami Charles Darwin. Il passa ainsi quatre ans en Amérique du Sud avec Henry Bates, de 1848 à 1852. En 1854, il partit pour l'Indonésie où il resta huit ans à faire des observations zoologiques et à explorer les vallées perdues de l'intérieur des terres.

DES PLANTES VENUES D'AILLEURS

Tout voyage était, pour l'explorateur, une occasion non seulement d'enrichir un herbier, mais aussi de rapporter en métropole des espèces inconnues de fruits, de légumes ou de fleurs. On peut citer l'exemple des « bégonias » acclimatés en France pour le botaniste Plumier, vers 1685. Fleur originaire de Saint-Domingue, elle reçut le nom de l'intendant des îles de l'Amérique, Michel Bégon. Il en fut de même pour un type de méduse et un arbrisseau aux fleurs de vives couleurs, le « bougainville » et la « bougainvillée » ou « bougainvillier », souvenirs de l'exploration de la *Boudeuse* et de l'*Étoile,* dans le Pacifique en 1766-1768.

HUMBOLDT ET BONPLAND
Alexandre von Humboldt et Aimé Bonpland parcoururent ensemble l'Amérique du Sud, au début du XIXe siècle, pour en étudier la géologie et y récolter de nouvelles plantes. Sur ce tableau, on les voit installés dans un camp de brousse, avec leurs instruments scientifiques et des spécimens botaniques.

Rameau de *Cinchona*

Ecorce de *Cinchona,* dont on fait la quinine

UNE PLANTE FÉBRIFUGE
La malaria (ou paludisme) faisait de nombreuses victimes chaque année. Lors de son séjour au Pérou, le médecin et naturaliste français Aimé Goujaud, dit Bonpland (1773-1858), récolta des plants de *Cinchona,* ou quinquina. On découvrit ensuite qu'une substance tirée de l'écorce de cet arbre tropical constituait une protection efficace contre cette dangereuse fièvre : on avait trouvé la quinine.

HERBIER
Ces feuilles séchées d'eucalyptus ont été rapportées d'Australie au XIXe siècle par Allan Cunningham. Plus tard, ce savant inventa des serres miniatures permettant de garder les plantes vivantes et de les transplanter au retour.

JOSEPH HOOKER
Ce savant barbu était un botaniste anglais de la seconde moitié du XIXe siècle. Il accompagna James Ross dans son expédition arctique de 1839, puis explora diverses régions d'Asie, dont il rapporta de nombreux spécimens de plantes jusqu'alors inconnues.

Sarcococca hookeriana

Sacoche de Hooker

Hevea brasiliense

UNE SACOCHE QUI VIENT DE LOIN
Hooker ne se séparait pas de cette sacoche, dans laquelle il stockait toutes les plantes qu'il ramassait. Son nom a été donné à nombre des espèces qu'il avait ainsi découvertes, comme le *Sarcococca hookeriana* montré ici.

AU CŒUR DE LA JUNGLE
Les explorateurs naturalistes passaient le plus clair de leur vie dans les régions inhospitalières.

Ces carnets de croquis du premier voyage de Parry dans l'Arctique témoignent du soin minutieux qu'apportèrent officiers et savants aux grandes expéditions scientifiques : ils consignaient ainsi leurs souvenirs et le résultat de leurs observations.

Coquelicot de l'Arctique

Mousse arctique

FLORA ARCTICA
Ces carnets de croquis sont ceux de William Parry. Cet officier anglais participa à cinq voyages d'exploration de l'Arctique, entre 1818 et 1827 (pp. 52-53), au cours desquels il étudia les plantes de l'Extrême-Nord. Ses travaux furent publiés et touchèrent un large public.

Feuilles séchées d'eucalyptus

LE CAOUTCHOUC
Découvert par les conquistadors espagnols en Amérique du Sud, le caoutchouc était extrait par les Indiens qui, après l'avoir mis à sécher, en faisaient des balles. L'espèce représentée à gauche, *Hevea brasiliense,* a été trouvée vers 1750 par La Condamine. Au siècle dernier, la science trouva beaucoup d'emplois à cette gomme, qui fut alors très exploitée.

Rameaux séchés d'hibiscus

L'HIBISCUS DE BANKS
Riche amateur, Joseph Banks (pp. 48-49) avait emmené, dans le voyage de Cook à travers le Pacifique (pp. 34-35), deux botanistes, un astronome, un peintre et quatre domestiques. Il rapporta de Polynésie ces rameaux d'hibiscus. Là-bas, les Tahitiennes accrochaient sa fleur dans leurs cheveux, et son écorce servait à faire des pagnes (p. 15).

Hibiscus tricuspis

À L'ASSAUT DU PÔLE NORD

Au XIXe siècle, les régions arctiques furent l'objet de nombreuses expéditions. Dirigées par des officiers de marine, elles avaient pour but de cartographier les côtes et d'observer les conditions climatiques et géologiques extraordinaires de cet endroit. Cela nécessitait des bateaux de fort tonnage, capables de résister à la pression de la glace, et bien chargés de provisions pour plusieurs années. À bord, l'équipage disposait d'instruments scientifiques pour étudier les spécimens prélevés dans l'océan et sur les côtes. Dans le même temps, d'autres expéditions étaient organisées par voie terrestre, avec des moyens réduits. C'est Robert Peary, un officier de marine américain, qui, après de nombreux voyages dans ces régions, atteignit le premier le pôle Nord, en 1909.

LE VAINQUEUR DU PÔLE NORD
« Enfin le pôle. Après vingt ans, j'ai atteint mon but et réalisé mon rêve », écrivait Robert Peary dans son journal. En cet après-midi du 6 avril 1909, après une épuisante équipée, l'explorateur américain et son équipe venaient d'atteindre le pôle Nord, un point géographique situé sur une banquise dérivant au milieu de l'océan Arctique. Si le nom de Peary est désormais associé à cet exploit, il ne faut pas oublier ses compagnons, Matthew Henson, un Noir américain qui était son assistant, et les quatre guides inuits, Ooqueah, Ootah, Egingwah et Seegloo.

TOUS EN TRAÎNEAU !
La route du pôle était longue, et il fallait un équipement important et des provisions en quantité. Le moyen de transport idéal, celui qu'utilisaient depuis toujours les Esquimaux, était le traîneau. Suffisamment solide pour supporter les lourdes charges, il était halé par des chiens, souvent aussi par des hommes, sur les immenses étendues de neige ou de glace.

PEAUX DE PHOQUES
Les premiers explorateurs de l'Arctique avaient des vêtements très mal adaptés à l'effrayant climat du pôle. Ils en vinrent rapidement à prendre exemple sur les Inuits, et s'équipèrent de peaux de phoques. Moufles, suroîts et pelisses protégeaient des vents glacés et beaucoup durent leur salut à ces vêtements locaux.

Tente pour huit hommes

Trépied pour la scie à glace

Suroît en peau de phoque

Moufle en peau de phoque

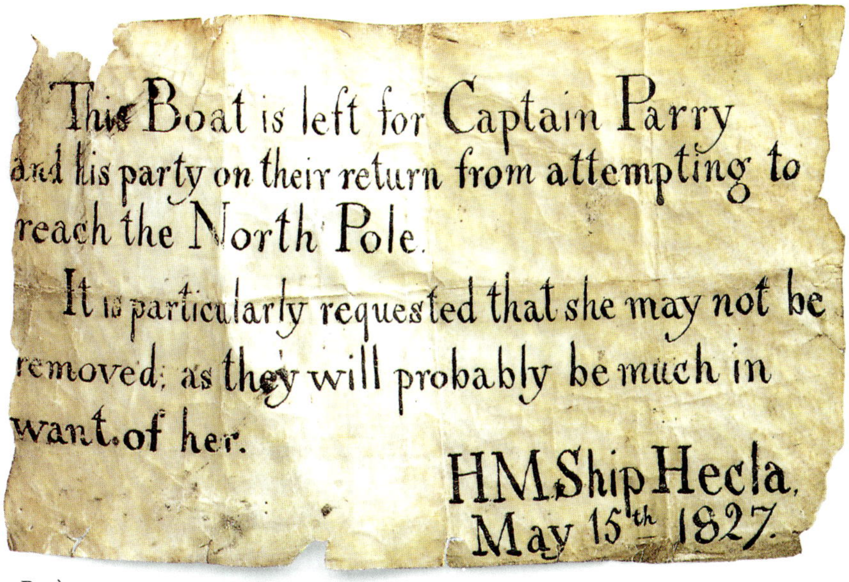

This Boat is left for Captain Parry and his party on their return from attempting to reach the North Pole.

It is particularly requested that she may not be removed; as they will probably be much in want of her.

HMShip Hecla,
May 15th 1827.

PRIÈRE DE NE RIEN TOUCHER !
Avant les communications par radio, il arrivait aux explorateurs de rester isolés du reste du monde pendant des mois. En 1827, William Parry et son équipage décidèrent d'abondonner leur navire, l'*Hecla,* pour s'aventurer sur la banquise à la recherche du pôle Nord. Ils laissèrent ce message, daté du 15 mai 1827, sur un canot qu'ils voulaient utiliser à leur retour.

Bouilloire à thé

Ustensiles de cuisine

Lampe à alcool pour la cuisine

PAR MONTS ET PAR VAUX
Les traîneaux étaient très lourds à tirer. C'est pourquoi les hommes venaient souvent à la rescousse de leurs chiens huskies.

Chargement protégé par une bâche de toile

Filet pouvant contenir des bagages supplémentaires

Pioche

Pelle à neige

L'ANTARCTIQUE, CONTINENT DE TOUS LES DANGERS

Alors que les expéditions se succédaient dans les régions arctiques, d'autres explorateurs choisissaient de s'aventurer à l'extrême sud, dans l'Antarctique, un immense continent au climat plus dur encore que celui de l'extrême nord. Le but principal de ces expéditions était évidemment d'atteindre le pôle Sud, mais aussi d'étudier la géologie, la zoologie et la botanique. Au cours d'un premier voyage en 1901-1904, le capitaine Robert Scott, ainsi qu'à la même époque le Français Jean Charcot, mena d'importantes études scientifiques sur les côtes. Lors d'un second voyage, en 1910-1912, destiné à explorer l'intérieur, Scott et ses cinq compagnons atteignirent le pôle Sud ; mais ils y avaient été devancés par l'équipe norvégienne de Roald Amundsen. Le temps des découvreurs s'achevait ainsi, laissant la place aux expéditions purement scientifiques, comme il s'en déroule aujourd'hui.

OBJECTIF ATTEINT !
Le 14 décembre 1911, Roald Amundsen planta le drapeau norvégien au pôle Sud, un mois avant l'arrivée de Scott. L'explorateur norvégien avait avec lui quatre compagnons et 52 chiens de traîneau.

DES SKIS PASSE-PARTOUT
Peu maniables parce que très longs (2,50 m) et très lourds, ces skis en bois ont pourtant été utilisés avec succès par Scott lors de sa première expédition.

Différents souvenirs de Scott

Sa tasse

Sa glace

Sa boîte d'allumettes

CHAUD DEDANS !
Ce sac de couchage en peau de renne a appartenu au chirurgien de l'expédition, Scott. Utilisé avec la fourrure à l'intérieur ou à l'extérieur, il était de toute façon beaucoup plus chaud que les peaux de moutons ou les couvertures de laine.

Son canif

UNE TROUSSE DE CHIMISTE
Entre autres équipements scientifiques, les compagnons de Scott utilisaient ce matériel pour faire des tests sur le terrain.

LA FIN D'UN ESPOIR
Cette photo a été prise le 17 janvier 1912 ; Scott et ses compagnons, épuisés, venaient enfin d'atteindre le pôle. Ils touchèrent le fond du désespoir en trouvant une lettre d'Amundsen, qui les y avait précédés. Le voyage de retour fut effrayant. Oates, le plus fatigué, sortit un soir de la tente, en plein blizzard, et disparut. « Nous savions que notre pauvre compagnon avait décidé de se suicider ainsi », écrivit Scott. Le sort des quatre autres hommes fut tout aussi pénible. Tous moururent de froid et d'épuisement.

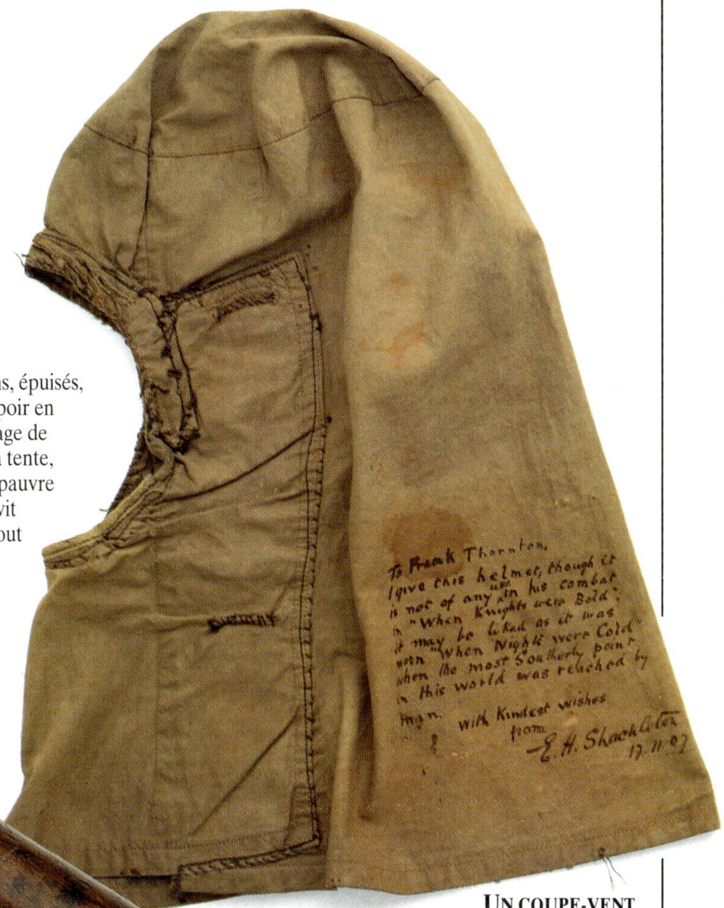

DE PLUS PRÈS
La longue-vue était l'un des instruments indispensables à toute expédition scientifique dans les contrées polaires. Elle permettait d'abord de se diriger au milieu des immenses plaines glacées et des zones montagneuses, en prenant des points de repère peu visibles à l'œil nu. Elle rendait ensuite possible l'observation à distance de la vie des animaux, qui était la tâche principale des naturalistes.

UN COUPE-VENT
Ce suroît a appartenu à Ernest Shackleton, l'explorateur irlandais qui essaya d'atteindre le pôle Sud en 1907-1908. Le vent violent et le froid intense rendaient indispensable ce genre d'équipement. Shackleton dédicaça plus tard son suroît, pour en faire cadeau.

LE DRAPEAU VOLANT
L'Américain Richard Byrd cartographia une bonne partie du continent antarctique, ainsi que des étendues de mer. Il utilisait pour cela l'avion (pp. 56-57). En 1926 il survola le pôle Nord, en 1929 le pôle Sud, déployant le drapeau américain à chaque passage.

BYRD ET JOSÉPHINE
Sur cette photo, l'avion de Byrd, *Joséphine,* est débarqué au Spitzberg.

LES PIONNIERS DE L'AIR

Jusqu'en 1901, les seules machines volantes étaient des dirigeables ou des ballons à air chaud, difficiles à manœuvrer et dépendants des vents. Après les premiers essais de Clément Ader, les frères américains Wright réussirent en 1903 un vol sur un aéroplane à moteur de leur fabrication : une ère nouvelle s'ouvrait pour l'exploration. Les pionniers de l'air, d'intrépides aventuriers, se fixaient pour but de survoler des régions encore jamais visitées, ou d'ouvrir des routes aériennes pour désenclaver des zones isolées. Les premiers avions, avec leur armature de bois recouverte de toile, leurs faibles possibilités de manœuvre, firent de nombreuses victimes parmi les pilotes. À partir des années 1930, la photographie aérienne se développa, permettant de cartographier de vastes régions difficiles d'accès. C'est la technique encore utilisée de nos jours.

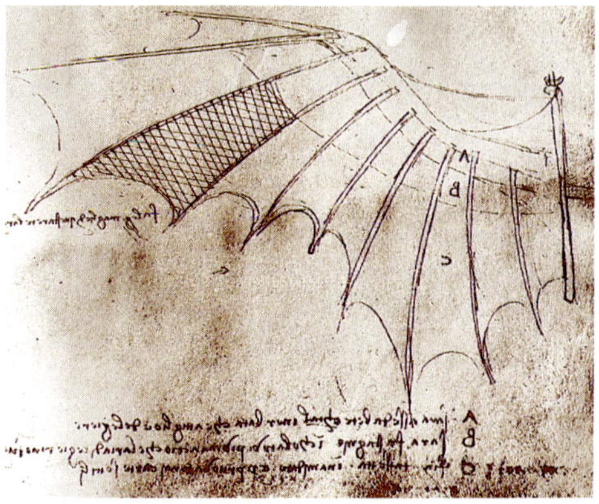

L'HOMME-OISEAU
Cette aile artificielle a été conçue au XVIe siècle par Léonard de Vinci, qui fut à la fois peintre et ingénieur. Sa conception s'inspirait de l'aile des oiseaux, mais le génie avait oublié que l'homme ne possède pas de muscles pectoraux assez puissants pour l'actionner.

LA DAME DES AIRS
Au début du XXe siècle, les exploits de la jeune Amy Johnson passionnèrent l'opinion publique. En 1930, elle réalisa la première liaison aérienne en solitaire entre l'Europe et l'Australie, en 19 jours. L'année suivante, survolant des zones inexplorées d'Asie, elle atteignit le Japon.

Traverses de bois qui donnent à l'aile sa forme et sa solidité

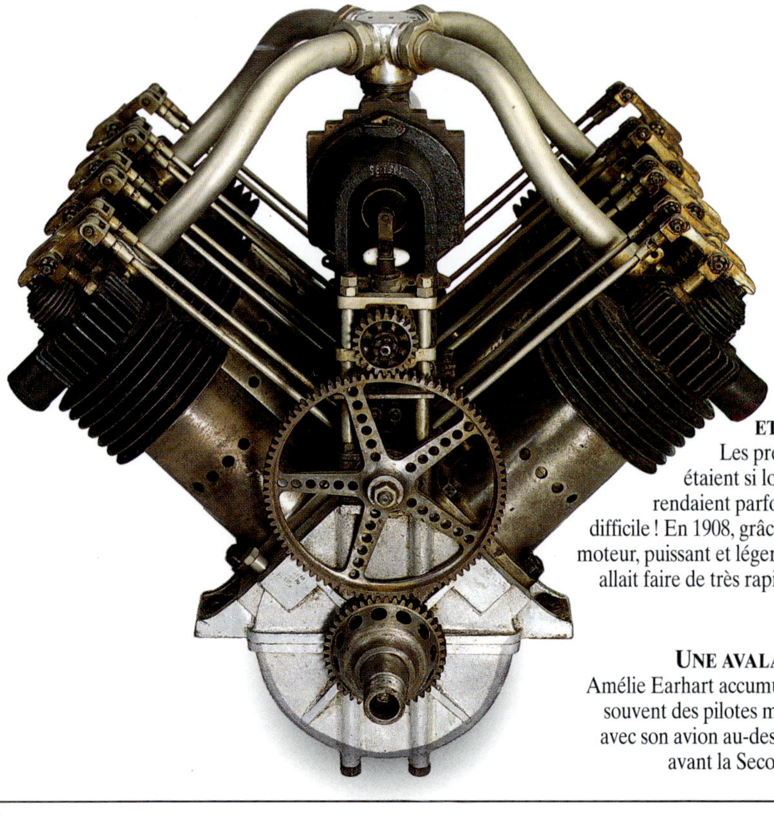

PUISSANT ET LÉGER
Les premiers moteurs étaient si lourds qu'ils rendaient parfois le décollage difficile ! En 1908, grâce à ce nouveau moteur, puissant et léger à la fois, l'aviation allait faire de très rapides progrès.

UNE AVALANCHE DE RECORDS
Amélie Earhart accumula les records, battant souvent des pilotes masculins. Elle disparut avec son avion au-dessus du Pacifique, juste avant la Seconde Guerre mondiale.

D'EN HAUT
Le survol en avion d'une région peu connue a permis, dès le début du XXe siècle, l'établissement de cartes plus exactes. Grâce à la photographie, à partir de « couvertures aériennes » analogues à celle-ci, il a été possible de mettre en évidence des détails de terrain : auparavant un relevé classique au sol, long et difficile, ne donnait que des résultats imprécis.

AU TEMPS DES PIONNIERS
Les aviateurs de la Première Guerre mondiale disposaient de cartes comme celle-ci pour se repérer.

L'AVION DE BLÉRIOT
En traversant la Manche entre Calais et Douvres en 1909, Louis Blériot établit une première qui le rendit célébrissime. Il avait dessiné son monoplan (un avion avec une seule paire d'ailes), dont le cadre était en bois recouvert de toile.

LES PREMIERS TABLEAUX DE BORD
Aujourd'hui, les jets ont des commandes automatisées, alors que les pionniers disposaient d'instruments de contrôle rudimentaires. Ce tableau de bord du début du siècle comporte un altimètre, qui donne l'altitude de vol, un compteur de vitesse et un compte-tours, qui indique la vitesse de rotation du moteur.

5 800 KM EN 33 H 30
En 1927, l'aviateur américain Charles Lindbergh réussit, seul sur son monoplan, la première traversée de l'Atlantique, dans le sens New York-Paris. Après ce record, il ouvrit de nombreuses autres routes aériennes et survola des régions reculées, comme le Groenland.

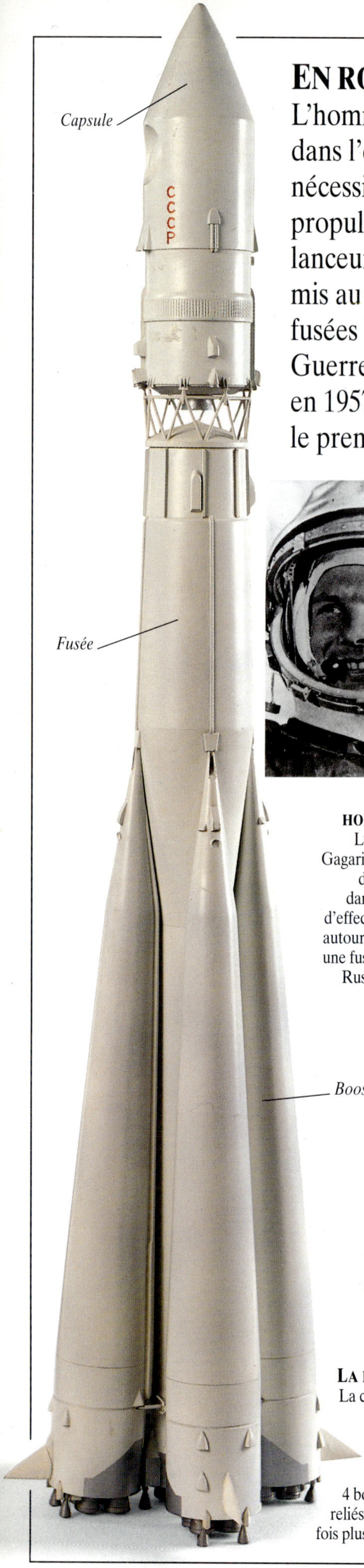

En route pour l'espace

L'homme a longtemps rêvé d'aller dans l'espace. Un rêve irréalisable, car il nécessitait des fusées assez puissantes pour propulser des objets dans le vide spatial. Ces lanceurs, Américains et Soviétiques les ont mis au point en s'inspirant des redoutables fusées V1 et V2 allemandes de la Seconde Guerre mondiale. Le coup d'envoi fut donné en 1957, avec le lancement et la mise en orbite autour de la Terre de *Spoutnik 1,* le premier satellite artificiel soviétique. Les Américains ripostèrent avec leur *Explorer 1*. Puis ce fut l'étape décisive, l'envoi dans l'espace, en 1961, du cosmonaute soviétique Gagarine. À l'époque les fusées ne servaient qu'une fois. La navette spatiale américaine, expérimentée à partir de 1981, peut revenir au sol et être de nouveau lancée. Aujourd'hui, des engins spatiaux vont explorer les planètes les plus lointaines, et étudier les possibilités de vie extraterrestre.

Une vue imaginaire de Mars !

Le premier homme de l'espace
Le 2 avril 1961, Youri Gagarine réalisait l'exploit de vivre deux heures dans l'espace, le temps d'effectuer une révolution autour de la Terre, grâce à une fusée construite par le Russe Serguei Korolev.

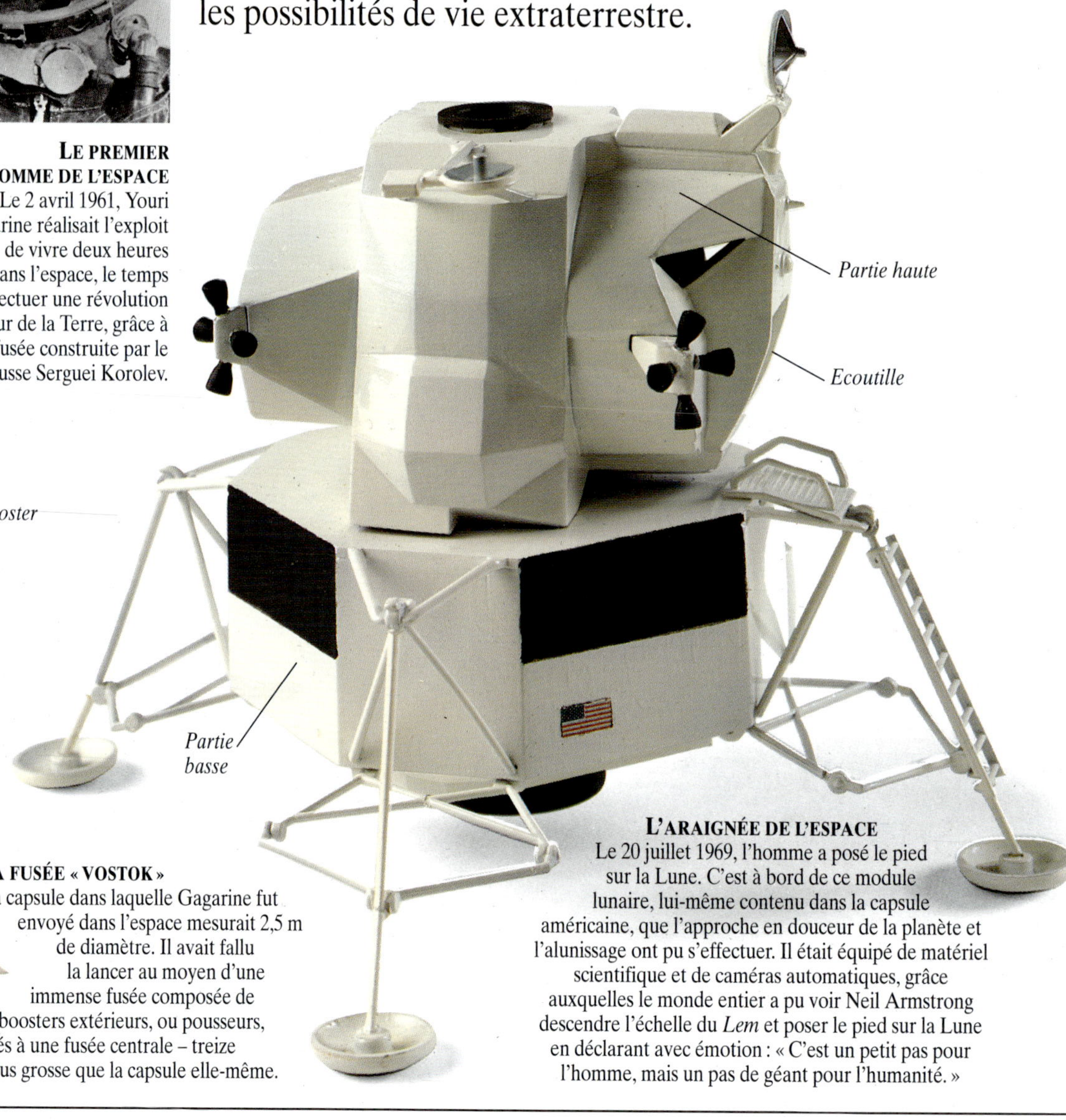

La fusée « Vostok »
La capsule dans laquelle Gagarine fut envoyé dans l'espace mesurait 2,5 m de diamètre. Il avait fallu la lancer au moyen d'une immense fusée composée de 4 boosters extérieurs, ou pousseurs, reliés à une fusée centrale – treize fois plus grosse que la capsule elle-même.

L'araignée de l'espace
Le 20 juillet 1969, l'homme a posé le pied sur la Lune. C'est à bord de ce module lunaire, lui-même contenu dans la capsule américaine, que l'approche en douceur de la planète et l'alunissage ont pu s'effectuer. Il était équipé de matériel scientifique et de caméras automatiques, grâce auxquelles le monde entier a pu voir Neil Armstrong descendre l'échelle du *Lem* et poser le pied sur la Lune en déclarant avec émotion : « C'est un petit pas pour l'homme, mais un pas de géant pour l'humanité. »

LE LABORATOIRE SPATIAL

Le premier laboratoire scientifique en orbite permanente fut lancé par les Américains en 1973. En dehors de la place dévolue aux appareils scientifiques, *Skylab* est organisé pour assurer aux cosmonautes une vie quotidienne supportable, avec des coins de repos et de détente. La Station spatiale internationale (ISS), construite par seize pays, contient des laboratoires et peut accueillir sept personnes.

EN PROMENADE

Hors de son habitacle, cet astronaute flotte dans le vide, équipé de micropropulseurs lui permettant de se mouvoir librement. Aux premiers essais de sortie, les cosmonautes étaient reliés par des cordons à leur capsule. Ces « ouvriers » d'un type nouveau participent aujourd'hui à la construction de l'ISS.

DES PIEDS À LA TÊTE

Cette tenue d'astronaute est celle de William Anders, qui pilotait le premier vol circumlunaire en 1968. En cas de défaillance des systèmes de la capsule, elle pouvait être pressurisée de manière immédiate et indépendante.

À BOIRE ET À MANGER

Au-delà de quelques heures de vol, il faut prévoir de se munir d'aliments dont le poids doit être limité. Américains et Soviétiques utilisent pour cette raison des produits déshydratés ou lyophilisés : à bord, les astronautes les reconstituent avec l'eau produite par le générateur d'électricité.

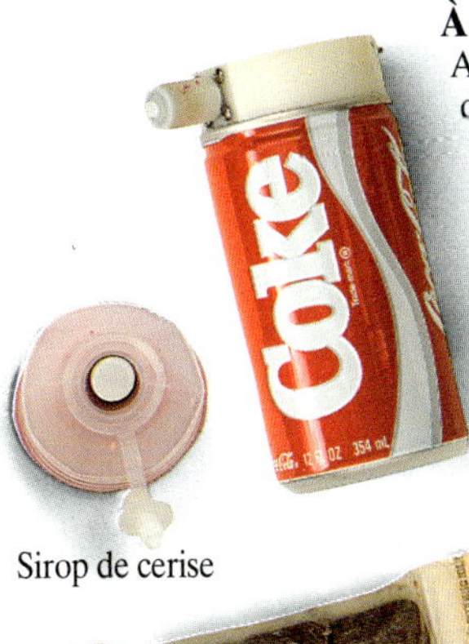

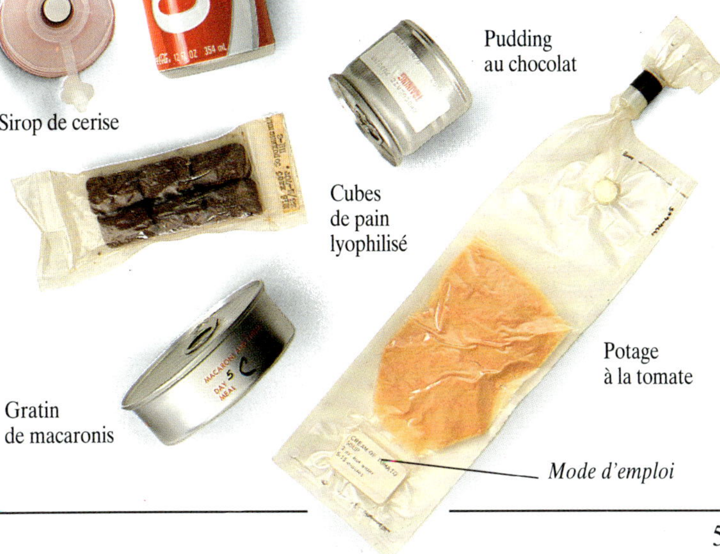

AU CŒUR DES ABYSSES

Près des trois quarts de la surface du globe sont couverts d'eau, et pourtant le monde mystérieux des profondeurs sous-marines est longtemps resté inconnu. La première exploration du fond des océans n'a été menée qu'en 1872, par l'équipe scientifique du navire-laboratoire *Challenger,* outillé pour la circonstance de nombreux appareils d'investigation. Durant la première moitié du XXe siècle, l'invention du bathyscaphe, petit sous-marin destiné aux plongées à grande profondeur, permit d'étudier des fosses marines jusque-là inatteignables. Grâce à des engins de plongée toujours plus performants, nous savons que sous la mer il y a des paysages semblables à ceux que nous connaissons en surface, avec des montagnes, des vallées, des plaines.

Les sirènes, des êtres fabuleux mi-femme mi-poisson, hantent les océans et attirent sur les écueils les marins qu'elles séduisent par leur beauté et la douceur de leur chant.

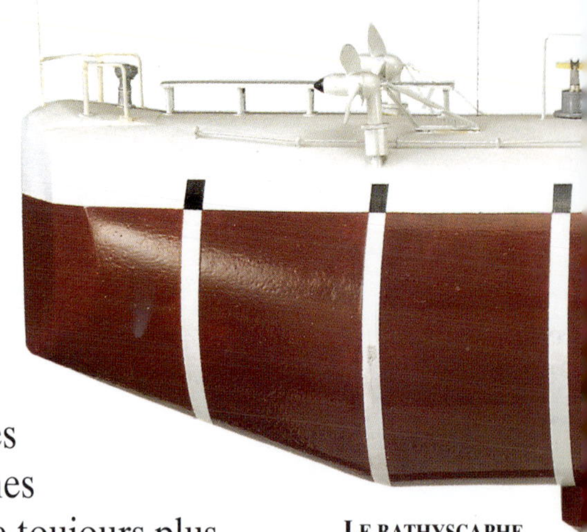

LE BATHYSCAPHE DU PROFESSEUR PICARD
Ce véhicule sous-marin, le *Trieste,* construit par le physicien suisse Auguste Piccard et son fils Jacques, est descendu en 1960 à 11 km de profondeur. La coque, très solide, avait été conçue pour résister aux très fortes pressions.

Le casque était boulonné à une combinaison : l'air fourni sous pression par une pompe pouvait s'échapper librement.

Hublot

Le casque de cuivre pèse approximativement 9 kg.

L'HOMME DE CUIVRE
Lorsqu'un naufrage se produisait en eaux peu profondes, il était possible de récupérer des objets, des armes, ou même le bateau tout entier, et cette opération pouvait se révéler très rentable. Encore fallait-il pouvoir plonger suffisamment longtemps. En 1819, Augustus Siebe inventa un casque de cuivre qui, complétant le scaphandre, permettait aux plongeurs de travailler un bon moment à profondeur modérée. Le casque était relié par un tube à l'équipage de surface, qui, en pompant, assurait l'alimentation en air du scaphandrier. Le Français Cabirol perfectionna le modèle de Siebe.

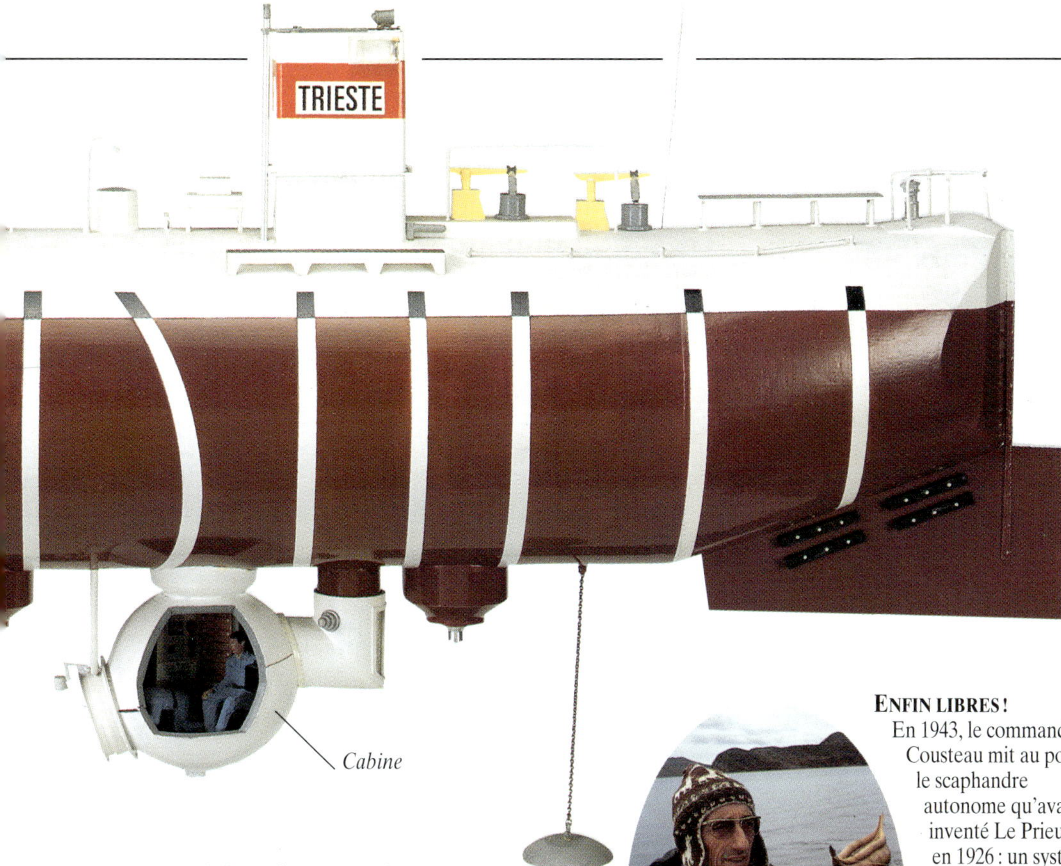

ENFIN LIBRES !
En 1943, le commandant Cousteau mit au point le scaphandre autonome qu'avait inventé Le Prieur en 1926 : un système de bouteilles fixées au dos du plongeur l'alimentait en air.

CHERCHEURS D'OR NOIR
Ce submersible est utilisé surtout pour la recherche pétrolière. Dans la chambre supérieure, les plongeurs peuvent travailler dans des conditions normales de pression. Pour sortir, il leur faut mettre un casque et une combinaison.

SAUVETAGE DES ÉPAVES
De telles chambres d'observation furent utilisées vers 1930. Elles résistaient à la pression externe des grandes profondeurs, et étaient équipées d'un système de régénération de l'air.

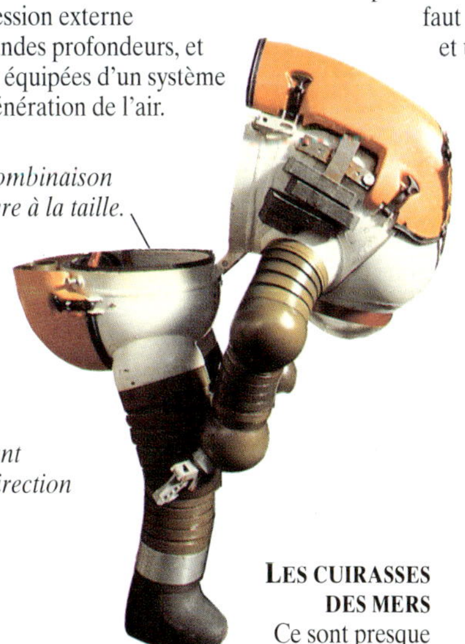

LES CUIRASSES DES MERS
Ce sont presque des armures que doivent porter certains plongeurs lorsqu'ils mènent des explorations scientifiques ou qu'ils travaillent sur des forages pétroliers. Grâce à ces combinaisons, ils peuvent descendre jusqu'à 200 m et supporter les fortes pressions qui règnent à ces profondeurs.

LES TRÉSORS DU FOND DES MERS
Quoi de plus exaltant qu'explorer une épave ? Pour l'archéologue, c'est retrouver les témoignages du passé. Pour le naturaliste, c'est découvrir la vie des profondeurs.

LA CARTE DU MONDE EST COMPLÈTE...

Ce planisphère fait apparaître les principaux itinéraires décrits dans ce livre. Aux premiers voyageurs, les mers du Moyen-Orient offrirent, sur de courtes distances, l'épreuve des phénomènes marins : mer sans marée en Méditerranée, récifs en mer Rouge. De l'Euphrate à l'Indus, une route de cabotage se présenta à eux. Avec les progrès des sciences de la navigation, les intrépides allèrent de plus en plus loin sur les voies océanes. Des régions explorées, ils rapportèrent des récits, des journaux et des cartes qui permirent, peu à peu, de lever les mystères du globe terrestre.

C'est dans l'Extrême-Nord américain que l'on rencontre des ours polaires. Celui-ci a été peint par le naturaliste Audubon, au XVIIIe siècle (pp. 44-45).

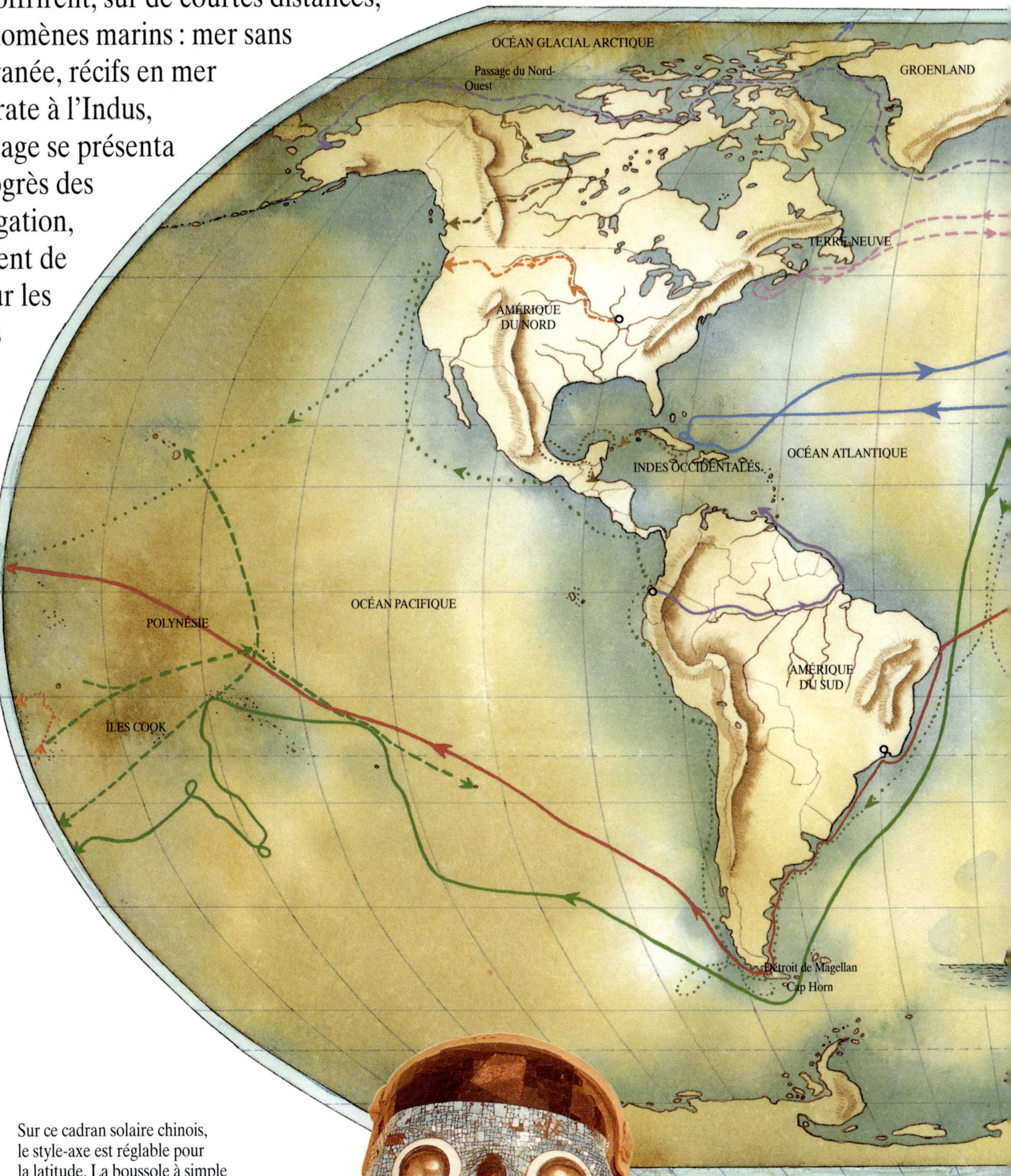

Sur ce cadran solaire chinois, le style-axe est réglable pour la latitude. La boussole à simple aiguille est du type des boussoles maritimes primitives.

De leurs expéditions chez les Aztèques, les conquistadors espagnols rapportèrent de nombreux trophées, dont ce masque du dieu Tezcatlipoca. Constitué à partir du crâne d'une victime sacrifiée au dieu, les dents sont en coquillage blanc et les yeux en pyrite polie.

Un coffre à médicaments de ce type se trouvait généralement à bord des bâtiments du XVIIIe siècle.

De son premier voyage au Nouveau Monde (pp. 22-23), Christophe Colomb avait rapporté un produit nouveau le coton. Au second, à la Guadeloupe, en 1493, il découvrit un fruit délicieux, l'ananas.

Explorateur de l'Afrique où, de 1849 à sa mort en 1873, il effectua six voyages, Livingstone (pp. 46-47) était accompagné par sa chienne Mabel dont voici le collier.

DES INFORMATIONS PASSIONNANTES

Les premiers explorateurs durent affronter des légendes terrifiantes, comme celles des monstres marins qui vivaient dans les profondeurs (sans doute à cause des baleines déjà aperçues).

Au XVe siècle, des marins portugais partis explorer les côtes africaines croyaient que les eaux de l'océan allaient se mettre à bouillir à l'approche de l'équateur.

Un monstre marin sur une carte de 1619

Le grand marin scandinave du IXe siècle, Floki (surnommé Aile de corbeau), embarqua trois corbeaux, consacrés à Odin, dieu de la Guerre et du Savoir pour lui servir de guide. A chaque fois qu'il lâchait un oiseau, il revenait sur le bateau. Un jour pourtant l'un d'eux lui fit découvrir les côtes d'Islande.

Après avoir contourné la pointe sud du continent africain, en 1488, Bartolomeu Diaz l'appela *cabo Tormentoso* ou cap des Tempêtes. Le roi Jean II du Portugal renomma la pointe *cabo da Boa Esperanca,* cap de Bonne-Espérance.

Lors de l'expédition de 1497-1498, les navires de Vasco de Gama transportaient de grosses croix de pierre, les *padroes,* pour les installer sur une hauteur dominant la mer et marquer ainsi la présence portugaise.

Non seulement le navigateur florentin Amerigo Vespucci a laissé son prénom au continent américain, mais il fut aussi le premier à parler du Nouveau Monde, dans une lettre racontant ses découvertes.

Quand Christophe Colomb traversa l'Atlantique en 1492, il pensait avoir atteint la Chine qu'il appela les Indes, du nom que les Européens donnaient à l'Asie. Il est mort persuadé d'être le premier à avoir découvert une route occidentale vers l'Asie, et non le premier à avoir découvert un continent.

Les nouvelles terres recevaient souvent le nom d'un souverain : pour la Virginie, colonie anglaise d'Amérique du Nord, en l'honneur de la reine Elisabeth Ire, *Virgin Queen,* la Reine vierge, et Louisiane, colonie française visitée en 1682 par Cavelier de la Salle, en l'honneur du roi Louis XIV.

Après avoir décidé d'envahir l'Empire aztèque avec 508 soldats et une centaine de marins, Cortés fit brûler les navires pour empêcher tout espoir de retour. Ses hommes devaient choisir entre la victoire ou la mort.

Banksia serrata, cueilli dans la Botany Bay, en Australie, pendant la première expédition du capitaine Cook

Couverture d'un quotidien français sur les revendications de Peary

Les bateaux de Magellan furent les premiers navires européens à naviguer sur l'océan Pacifique. Cependant, Vasco de Balboa fut le premier Européen à découvrir le Pacifique, après avoir traversé l'Amérique centrale à pied, d'est en ouest, en 1513.

Balboa a nommé le Pacifique la Grande Mer du Sud, mais Magellan l'appela mer Pacifique du fait des vents doux et paisibles dont, par chance, il bénéficia.

Les naturalistes partis dans le Pacifique avec le capitaine Cook en 1768 ont rassemblé tellement de spécimens dans une baie d'Australie, que Cook appela l'endroit Botany Bay.

James Cook raconte que la richesse de la vie sous-marine dans cette Grande Mer du Sud inconnue a attiré des centaines de navigateurs et de chasseurs de baleines au début des années 1770, lesquels décimèrent les phoques et les baleines des mers du Sud.

En 1869, Henry Stanley fut chargé par le « New York Herald » de rechercher David Livingstone qu'il rejoint dans la région du Lac Tanganyika. Bien que leurs noms soient souvent associés, ils passèrent peu de temps ensemble.

Les explorateurs en Afrique étaient très chargés et se faisaient accompagner par des Africains pour porter leur équipement.

De retour d'une expédition en Arctique en 1909, Robert Peary apprit avec fureur que Frederick Cook affirmait avoir atteint le pôle Nord un an plus tôt. Par la suite, le Congrès américain a soutenu Peary.

Croix de Vasco de Gama à Malindi, Kenya, montrant que ces terres appartenaient à la couronne portugaise

Questions / Réponses

Qui fut le premier à traverser l'Atlantique ?

On a cru pendant longtemps que Christophe Colomb avait été le premier à faire le voyage en 1492, découvrant l'une des îles des Bahamas, qu'il appela San Salvador. Cependant, des indices donnent à penser que les Vikings avaient déjà fait le voyage quelque 500 ans auparavant. On dit qu'Erik le Rouge serait arrivé sur les côtes du Labrador en 985, alors qu'il dérivait de sa route pour le Groenland. Un autre Viking, Leif Erikson, est désormais retenu comme le premier Européen à avoir posé le pied sur la côte est de l'Amérique du Nord, 15 ans plus tard, en 1000. Leif a donné le nom de « Vinland » aux terres qu'il a découvertes.

Comment faisaient les premiers explorateurs pour naviguer sans instruments ?

Avant l'invention des instruments de navigation, les explorateurs utilisaient leur connaissance des vents et des courants pour estimer les distances et les directions. Dans les eaux inconnues, des indices comme des morceaux de bois à la dérive ou la présence de certains oiseaux de mer indiquaient que la terre était proche. Les frégates, par exemple, sont des oiseaux qui ne se posent pas sur l'eau. S'ils en voient une, les marins savent qu'ils ne sont pas loin d'une terre.

Une frégate

Qui a découvert la latitude ?

Au IIIe siècle av. J.-C., les Grecs mesuraient la latitude (position nord-sud) à l'aide d'un cadran solaire creux. Ils ont aussi inventé l'astrolabe, et les géographes grecs furent les premiers à tracer la latitude sur des cartes.

Pourquoi la découverte de la longitude a-t-elle été si importante ?

Bien que les premiers explorateurs puissent calculer leur latitude à partir du soleil et des étoiles, ils devaient utiliser des estimations (en notant la distance parcourue chaque jour, et leur direction) pour calculer leur longitude (position est-ouest). L'erreur étant facile, le danger n'était jamais loin et les cartes n'étaient pas très justes. En 1772, quand il s'est embarqué pour sa deuxième expédition, James Cook pouvait trouver sa longitude grâce à une montre de la plus grande précision, un chronomètre, que l'ingénieux horloger John Harrison avait dessinée en 1735.

Pourquoi les Européens ont-ils mis si longtemps à s'aventurer à l'intérieur de l'Afrique ?

C'était dangereux. Ils pouvaient mourir d'une maladie tropicale en quelques heures. Il y avait des animaux sauvages, des lions et des crocodiles,

La chaîne de l'Himalaya, en Asie

et les explorateurs devaient affronter toute une variété de milieux, des déserts les plus arides aux forêts tropicales les plus denses.

Toutes les histoires d'explorateurs sont-elles vraies ?

Certains ont sûrement été tentés de raconter les choses les plus extraordinaires. Mais, même si nombreux étaient ceux qui ne croyaient pas Marco Polo quand il parlait de ces sources orientales crachant une huile noire, nous savons aujourd'hui qu'il décrivait les puits de pétrole de Bakou, dans l'Azerbaïdjan d'aujourd'hui.

Reste-t-il des endroits de la terre à explorer ?

De nos jours, il n'y a presque plus d'endroits sur terre restés inconnus. Nous savons ce qu'il y a au sommet des plus hautes montagnes et, pour l'essentiel, au plus profond des océans. Les régions les plus lointaines deviennent familières, et la forme des explorations change. Au lieu de parcourir le monde à la recherche des derniers endroits restés sauvages, les explorateurs veulent aujourd'hui mieux comprendre la Terre et en préserver les merveilles pour les générations à venir.

Quelques records

Le tour de l'Afrique à la voile
Partis d'Egypte par la mer Rouge, les Phéniciens sont probablement les premiers à avoir contourné la pointe sud de l'Afrique, pour le compte du pharaon d'Egypte, Nékao II (609-594 av. J.-C.).

Le premier Européen au sud de l'Afrique
Bartolomeu Diaz a contourné la pointe de l'Afrique du Sud en 1488, alors qu'une tempête avait éloigné ses navires de toute terre.

Le premier tour du monde à la voile
Des cinq navires partis dans l'expédition de Magellan pour trouver une route de l'Asie par l'Ouest, un seul, le *Vittoria*, est rentré en Espagne.

La plus longue traversée d'un continent
Meriwether Lewis et William Clark l'ont accomplie de 1804 à 1806, traversant l'Amérique du Nord vers l'océan Pacifique.

Le premier Européen aux sources du Nil
Quand il a découvert le lac Victoria en 1858, John Hanning Speke croyait que c'était la source du Nil. De retour en 1862 avec James Grant, il découvrit l'endroit où le Nil se jetait dans le lac.

La découverte du passage du Nord-Ouest
Le Norvégien Roald Amundsen a été le premier à franchir le passage du Nord-Ouest à la voile d'est en ouest, de 1903 à 1906.

Le premier au pôle Nord
Robert Peary a mené huit expéditions dans l'Arctique. Il est arrivé au pôle Nord le 6 avril 1909. Cependant, nombreux sont ceux qui remettent en question cette revendication.

Le premier au pôle Sud
Le Norvégien Roald Amundsen a atteint le pôle Sud en décembre 1911, un mois avant Frederik Scott.

CHRONOLOGIE

Autrefois, les explorateurs partaient vers des terres lointaines et inconnues pour y faire du commerce, pour les conquérir et s'y installer. Aujourd'hui, c'est le plus souvent l'esprit d'aventure ou la recherche scientifique qui les guident. Certains, comme les Polynésiens, qui ont traversé l'Atlantique, nous sont peu connus car ils n'ont laissé aucun document écrit sur leurs voyages. La liste ci-dessous vous présente quelques-uns des plus grands explorateurs du monde et leurs remarquables découvertes.

v. 450 av. J.-C. HANNON
Au ve siècle, les Phéniciens longèrent les côtes d'Afrique pour assurer au commerce punique des têtes de pont, des monopoles portuaires, des débouchés caravaniers. Le navigateur Hannon doubla le cap Vert et atteignit un fleuve dont il décrivit les crocodiles et les hippopotames : ce pourrait être le Sénégal.

399-414 FA HSIEN
Le moine bouddhiste chinois entreprit un long pèlerinage à travers déserts et montagnes jusqu'aux sanctuaires du nord de l'Inde, avant de traverser toute la péninsule pour se recueillir devant la dent du Bouddha à Ceylan.

Du VIII au Xe siècle LES MARINS VIKINGS
Au Xe siècle, ils traversèrent l'Atlantique Nord et s'installèrent au Groenland (Erik le Rouge) et sur la côte est de l'Amérique (le fils d'Erik, Leif Erikson).

1260-1291 LES FRÈRES POLO, NICCOLÒ ET MAFFEO, ET LE FILS DE NICCOLÒ, MARCO
Marchands vénitiens. Ils traversèrent l'Asie centrale vers la Chine. Marco Polo passa seize ans en Chine, où il travailla pour l'empereur Kubilai Khan.

Charles de la Condamine

1324-1354 IBN BATTUTA
Voyageur et géographe arabe (Tanger), il traversa le Sahara jusqu'au Mali, arriva à Tombouctou, voyagea au Moyen-Orient et en Arabie, en Inde, à Sumatra et en Chine.

1394-1463 HENRI LE NAVIGATEUR
Ce roi du Portugal donna une très forte impulsion aux explorations des côtes de l'Afrique. Il installa à Sagres, au sud du Portugal, une importante base navale.

1487-1488 BARTOLOMEU DIAZ
Portugais, il navigua le long des côtes d'Afrique de l'Ouest, passa le cap de Bonne-Espérance jusqu'à l'océan Indien.

1492-1504 CHRISTOPHE COLOMB
Navigateur italien au service de l'Espagne, il traversa l'Atlantique pour arriver aux Antilles et, lors d'autres expéditions, sur les côtes d'Amérique centrale et d'Amérique du Sud.

1497-1498 JEAN CABOT
Navigateur italien, au service de l'Angleterre. Il proposa à Henri VII d'ouvrir une route maritime septentrionale vers la Chine. Il découvrit Terre-Neuve et explora les côtes nord-américaines.

1497-1498 VASCO DE GAMA
Portugais, il navigua le long des côtes de l'Afrique de l'Ouest, contourna le cap de Bonne-Espérance et traversa l'océan Indien pour arriver en Inde.

1497-1500 AMERIGO VESPUCCI
Il reconnut les côtes de Colombie et du Venezuela, et atteignit les bouches de l'Orénoque.

1500 PEDRO ALVARES CABRAL
Cet explorateur portugais découvrit le Brésil.

1513 VASCO NUÑEZ BALBOA
Cet Espagnol traversa l'isthme de Panamá. Il fut le premier Européen à voir le Pacifique.

1519-1522 FERNAND DE MAGELLAN
Portugais passé au service de l'Espagne, il entreprit le premier voyage de circumnavigation vers le Rio de la Plata et les Philippines avec cinq navires ; il fut tué en 1521.

1519-1521 FERNAND CORTÉS
Conquistador espagnol. Il débarqua au Mexique ; avec moins de 600 hommes, il s'empara de la capitale aztèque, Tenochtitlan (Mexico) et détruisit l'empire des Aztèques.

Christophe Colomb

1532-1533 FRANCISCO PIZARRO
Conquistador espagnol. Il débarqua au Pérou et s'empara de l'empire Inca (avec 180 hommes seulement).

1534-1541 JACQUES CARTIER
Explorateur français, il s'embarqua deux fois vers l'Amérique du Nord, à la recherche d'une route de l'Asie par le Nord-Ouest.

1577-1580 FRANCIS DRAKE
Corsaire anglais, il fit le tour de la terre à bord de son bateau, le *Golden Hinde,* pillant les navires espagnols croisés en chemin.

1594-1597 WILLIAM BARENTS
Explorateur hollandais, il atteignit la mer de Kara à la recherche d'un passage du Nord-Ouest.

1607-1611 HENRY HUDSON
Navigateur anglais, il entreprit quatre expéditions à la recherche de passages du Nord-Est et du Nord-Ouest. Il découvrit l'Hudson, le fleuve et la baie, où il disparut quand son équipage se mutina, le débarqua et l'envoya à la dérive.

Louis de Bougainville

1603-1616 SAMUEL DE CHAMPLAIN
Il explora la région des Grands Lacs et dressa une carte pour établir une colonie française.

1612-1616 WILLIAM BAFFIN
Navigateur anglais, il découvrit la mer et la terre qui portent son nom.

1642-1643 ABEL JANSZOON TASMAN
Hollandais, il navigua de l'île Maurice vers la Tasmanie, la Nouvelle-Zélande, les îles Fidji, la Nouvelle-Guinée, le Papouasie-Nouvelle-Guinée et Java.

1678-1680 ROBERT CAVELIER DE LA SALLE
Français, il explora les Grands Lacs en Amérique du Nord et descendit le Mississippi jusqu'au golfe du Mexique. Il mourut lors d'une expédition pour relever l'embouchure du Mississippi.

1725-1729, 1734-1741 VITUS BERING
Navigateur danois au service du tsar Pierre-le-Grand, il traversa l'Asie pour découvrir si la Sibérie et l'Amérique du Nord se rejoignaient.

Henry Stanley

1735-1744 CHARLES DE LA CONDAMINE
C'est le premier explorateur français à faire le tour du monde à la voile. Il remonta le fleuve Amazone.

1766-1769 LOUIS DE BOUGAINVILLE
Il entreprit une expédition scientifique autour du monde (1766-1769). Après avoir franchi le détroit de Magellan, il traversa l'océan Pacifique, atteignit Tahiti, puis les Samoa et les Grandes Cyclades (ou Nouvelles Hébrides), découvrit un groupe d'îles qu'il nomma Louisiade (au sud-est de la Nouvelle Guinée) et revint par le cap de Bonne Espérance. Il publia en 1771 la relation de son voyage autour du monde.

1785 LA PÉROUSE
En 1785, il partit de Brest pour une expédition de découverte autour du monde avec les navires *La Boussole* et *L'Astrolabe*. Il explora le Pacifique, longea les Philippines, atteignit le Japon et découvrit le détroit séparant les îles de Holeaïdo et de Sakhaline, qui porte aujourd'hui son nom. Il fit route vers les Samoa et les Tonga, se rendit à Botany Bay d'où il écrivit sa dernière lettre (1788). Des navigateurs, comme Dumont d'Urville, furent envoyés à sa recherche.

Ranulph Fiennes

1768-1779 JAMES COOK
Navigateur et cartographe anglais, il entreprit trois expéditions dans l'océan Pacifique, où il fit de nombreux relevés hydrographiques.

1799-1804 ALEXANDRE VON HUMBOLDT
Naturaliste allemand, il explora les contrées nord-ouest de l'Amérique du Sud.

1804-1806 M. LEWIS ET W. CLARK
Ces soldats américains furent envoyés par le président Jefferson pour trouver une route de Saint-Louis à l'océan Pacifique.

1827-1828 RENÉ CAILLÉ
Voyageur français, il explora l'Afrique de l'Ouest et le Sahara. Il fut le premier Européen à visiter Tombouctou.

1826-1834 ALCIDE D'ORBIGNY
Naturaliste français, il visita l'Amérique du Sud.

1831-1835 CHARLES DARWIN
Naturaliste anglais, il explora l'Amérique du Sud et les îles Galápagos et élabora sa théorie sur l'évolution des espèces à travers une sélection naturelle.

1837-1840 DUMONT DURVILLE
Ce navigateur français explora les régions antarctiques, découvrant les terres de Louis-Philippe, Joinville et la terre Adélie.

1839 JAMES CLARK ROSS
Navigateur britannique, il explora l'Arctique et étudia le magnétisme terrestre. Il partit à la recherche de John Franklin (voir ci-dessous).

1841-1873 DAVID LIVINGSTONE
Missionnaire écossais, il mena quatre expéditions en Afrique, traversa l'Afrique du Sud et rejoignit Le Cap par Port Elizabeth.

1850-1855 HEINRICH BARTH
Géographe allemand, il explora le nord et le centre de l'Afrique et parvint jusqu'à Tombouctou.

1845-1847 JOHN FRANKLIN
Ce navigateur britannique disparut lors d'une expédition pour trouver le passage du Nord-Ouest.

1855-1862 JOHN HANNING SPEKE
Cet explorateur anglais découvrit le lac Victoria en 1858, puis la source du Nil avec R. Burton en 1862.

1888, 1893-1896 FRIDTJOF NANSEN
Cet explorateur norvégien fit la première traversée du Groenland d'est en ouest. Il laissa son bateau se faire prendre par les glaces et dériva à travers l'océan Arctique, prouvant l'existence de courants.

1871-1889 SIR HENRY MORTON STANLEY
Ce Britannique dirigea trois expéditions à travers l'Afrique, retrouva l'explorateur écossais disparu, David Livingstone, et découvrit le fleuve Congo en traversant l'Afrique équatoriale.

1908-1909 ROBERT PEARY
Officier de marine américain, il dit avoir atteint le pôle Nord après huit expéditions dans l'Arctique.

1906-1911 ROALD AMUNDSEN
Ce Norvégien franchit le passage du Nord-Ouest et atteignit le pôle Sud avec des chiens de traîneaux.

1910-1912 ROBERT FALCON SCOTT
Explorateur britannique, il fut battu de justesse au pôle Sud par Amundsen. Ses quatre équipiers et lui moururent sur le chemin du retour.

1948-1950 ALAIN GHEERBRANT
Il accomplit la première traversée de la Sierra Panima lors de l'expédition Orénoque-Amazone.

1961 YOURI GAGARINE
Ce Soviétique fut le premier homme dans l'espace.

1963 VALENTINA TERECHKOVA
Cosmonaute soviétique, elle fut la première femme dans l'espace.

1965 ALEKSEI LEONOV
Ce Soviétique est le premier cosmonaute à avoir effectué une sortie dans l'espace.

1969 NEIL ARMSTRONG
Astronaute américain, premier homme à poser le pied sur la Lune.

JACQUES-YVES COUSTEAU
Océanographe français, il participa à l'invention du scaphandre autonome automatique et d'une caméra sous-marine, et assista Piccard dans le développement du bathyscaphe. Il effectua ses croisières de recherche à bord de La Calypso.

1960 JACQUES PICCARD
Physicien suisse, il réalisa avec Don Walsh la plus profonde plongée par un homme, à près de 11 km dans la faille des Mariannes, à bord du Trieste.

1992-1993 RANULPH FIENNES
Ranulph Fiennes et Mike Stroud effectuèrent la première traversée de l'Antarctique sans aide extérieure.

Jacques Piccard

POUR EN SAVOIR PLUS

De nos jours, il ne reste quasiment plus d'endroits à découvrir sur la terre. Il nous est difficile d'imaginer ce qu'ont vécu les premiers explorateurs qui, à la recherche de terres inconnues, partaient à l'aventure. Tâchez de voir ou de lire les documentaires qui racontent ces premiers voyages. Un musée proche de chez vous possède peut-être une collection spécialisée sur le sujet. Sur Internet, on peut faire le tour virtuel des musées exposant des objets que les explorateurs ont utilisés.

Astrolabe

ASTROLABES ARABES
Certains musées, comme celui de la Marine ou l'Institut du monde arabe, à Paris, exposent leur collection des premiers instruments de navigation, comme des sextants, des compas et des astrolabes (ci-dessus).

*Réplique de l'*Endeavour *toutes voiles dehors*

TABLEAUX
Bon nombre de musées et de galeries d'art exposent les portraits des plus grands explorateurs et des tableaux illustrant leurs voyages. Celui-ci a été peint par William Hodges, un artiste embarqué dans la deuxième expédition du capitaine James Cook ; il s'appelle *Galères de guerre tahitiennes en baie de Matavai, Tahiti* (1766).

QUELQUES SITES INTERNET

- Présentation et chronologie du temps des découvertes, biographie des principaux explorateurs de la Renaissance. www.renaissance-amboise.com/dossier_renaissance/son_esprit/decouvertes.htm
- Site de l'ambassade du Brésil. Les découvertes des expéditions portugaises (1487-1500). www.bresil.org/Apercu_general/Histoire.htm
- Découvrez les explorateurs de la Nouvelle-France : leur vie, leur parcours. www.civilization.ca/vmnf/explor/explcd_f.html
- Sur les traces des explorateurs qui s'aventurèrent dans les régions polaires. www.transpolair.com/explorateurs/

EMBARQUEZ-VOUS
Plusieurs navires ont été reconstruits à l'identique. Par exemple, à Freemantle en Australie, de 1988 à 1994, on a réalisé une réplique du bateau du capitaine Cook, l'*Endeavour,* en suivant des plans officiels ainsi que les méthodes de construction du XVIIIe siècle. Cette pièce de musée navigue de pays en pays et l'on peut passer une journée à bord. Pour plus d'informations, rendez-vous sur le site www.barkendeavour.com-au. En 2002, la BBC y a tourné un film, *The Ship,* dans lequel des navigateurs refont l'un des voyages de Cook dans le Pacifique.

Panneau signalant la piste Lewis et Clark

SUIVEZ LA PISTE DE LEWIS ET CLARK
Les années 2003 à 2006 marquent le 200e anniversaire de la traversée de l'Amérique du Nord par Meriwether Lewis et William Clark. On peut revivre une partie de l'expédition : partis du camp Dubois, dans l'Illinois, ils ont remonté le Missouri et traversé les Rocheuses avant de redescendre la Snake River et le fleuve Columbia, jusqu'à l'océan Pacifique ; la piste historique de Lewis et Clark traverse 11 États. Pour en savoir plus, allez sur le site www.lewisandclark.org/.

CENTRE DARWIN
En 2002, le musée d'Histoire naturelle de Londres a ouvert le Centre Darwin, où sont conservés quelque 22 millions de spécimens d'animaux. Chaque visiteur peut admirer les 27 km d'étagères où s'alignent les pots de verre contenant les espèces rassemblées à travers le monde au cours des trois cents dernières années. La collection comprend des serpents, des bébés crocodiles et différentes découvertes rapportées pendant la première expédition du capitaine Cook vers l'Australie dans les années 1768.

PARTIR EN EXPLORATION
Internet permet de suivre diverses expéditions en cours explorant des failles hydrothermales ou quelque récif en haute mer. Si l'espace vous intéresse, connectez-vous au site http ://spaceflight.nasa.gov/, qui vous informera sur les dernières missions ; ou bien partez aux Etats-Unis pour assister au lancement d'une fusée. Vous pouvez aussi vous joindre au SETI@home project, exploration radio de l'espace à la recherche de toute information extraterrestre, dirigée par l'université de Berkeley.

*Le lancement de l'*Endeavour *dans l'espace*

Lancement d'un vaisseau spatial de la NASA au cap Canaveral, en Floride

DES LIEUX À VISITER

MUSÉE NATIONAL DE LA MARINE
Le musée national de la Marine regroupe neuf établissements situés à Paris, Brest, Port-Louis, Rochefort (2 musées), Toulon (2 musées), Saint-Tropez (fermé pour travaux), Nice (fermé pour travaux). Son siège social est situé à Paris.
• www.musee-marine.fr/

• Palais de Chaillot
17, place du Trocadéro - 75116 Paris
Tél. 01 53 65 69 69
Le musée est l'héritier des grandes collections d'objets de marine qui ont été constituées au XVIIIe siècle.

• Château de Brest - 29240 Brest
Tél. 02 98 22 12 39
Le musée retrace l'histoire de la construction navale et de l'innovation au XVIIIe siècle

• Quai de Norfolk - 83000 Toulon
Tél. 04 94 02 02 01
Le musée illustre la tradition maritime méditerranéenne par une importante collection de modèles de vaisseaux et de galères depuis le XVIIe siècle.

• Citadelle de Port-Louis - 56290 Port-Louis
Tél. 02 97 82 56 72

• Hôtel de Cheusses - 1, place de la Galissonnière
17300 Rochefort - Tél. 05 46 99 86 57
Dans l'Hôtel des Cheusses, ancienne résidence des chefs d'escadre des XVIIe et XVIIIe siècles, le musée illustre l'activité de l'arsenal et de la base navale créés par Colbert.

• Ancienne Ecole de Médecine navale
25, rue de l'Amiral Meyer - 17300 Rochefort
Tél. 05 46 99 59 57
Le musée présente un étonnant cabinet de sciences naturelles et de médecine du XVIIIe siècle, des objets d'art et d'ethnographie, ainsi qu'une bibliothèque exceptionnelle.

INSTITUT DU MONDE ARABE, PARIS
Il possède une belle collection d'astrolabes.
• 1, rue des Fossés-Saint-Bernard
75236 Paris cedex 05
Tél. 01 40 51 38 38

MUSÉE DE LA MARINE, LISBONNE
Ce musée contient une magnifique collection de portulans.

Pot de porcelaine de l'époque Ming, (1368-1644) exposé au British Museum

Glossaire

Arbalète Simple instrument de navigation pour mesurer la latitude de la position d'un bateau. Le navigateur doit aligner la barre transversale entre le soleil ou l'étoile polaire et l'horizon pour déterminer l'angle du soleil ou de l'étoile par rapport à l'horizon, ce qui lui permet de calculer la distance séparant le navire de l'équateur. (Voir *Quartier de Davis.*)

Astrolabe Instrument de navigation dont se servaient les anciens Grecs pour mesurer la hauteur du soleil ou des étoiles au-dessus de l'horizon ; du grec *astron* (astre) et *lambanlin* (prendre). (Voir *Astrolabe de mer.*)

Astrolabe de mer Sert à déterminer la latitude d'un navire ; le navigateur positionne une règle avec une mire au centre d'un anneau de cuivre pour situer le soleil ou une étoile avant de lire l'angle donné par les repères faisant le tour de l'anneau (p. 29).

Boussole Inventée par les Chinois et connue en Occident grâce aux Arabes au XIIe siècle, cet appareil est composé d'un cadran au centre duquel est fixée une aiguille aimantée mobile, dont la pointe marque la direction du Nord.

Caravelle Navire d'exploration par excellence. Mise au point par les navigateurs portugais, c'est un navire d'une vingtaine de mètres, à coque arrondie, avec un pont haut sur l'eau et complètement couvert. Ce bateau est capable de résister à tous les temps grâce à un système de voilure complexe : des larges voiles carrées donnent au navire une grande rapidité

Cartographe

Jonque

dans le vent, les petites voiles latines permettent à la caravelle de louvoyer. Leur faible tirant d'eau leur permet de s'approcher très près des côtes et même de remonter certains fleuves. (Voir *Tirant d'eau.*)

Cartographie La science et l'art de représenter à plat une partie de la surface terrestre.

Chinchona Plante riche en quinine ; les explorateurs l'utilisaient pour apaiser les symptômes du paludisme.

Compas Instrument utilisé par les marins, inventé par les Chinois il y a plus de 2000 ans : une aiguille magnétique s'aligne sur le champ magnétique de la Terre. C'est grâce à cet instrument que Colomb put filer droit sur Cipangu. (Voir *Magnétite.*)

Conquistadores (mot espagnol) Nom donné aux aventuriers espagnols partis à la conquête de l'Amérique.

Drakkar Navire à voile carrée et à rames des Vikings, souvent utilisé par les guerriers, mais également pour de longs voyages. (Voir *Knorr.*)

Estime Les navigateurs européens déterminaient assez bien une direction, mais ils étaient incapables de faire le point avec précision. Les instruments qu'ils utilisaient donnaient des résultats très incertains pour calculer la longitude et la latitude. On parle de navigation « à l'estime ».

Eldorado « en or ». Ce terme désigne la cité légendaire couverte d'or que recherchaient les explorateurs, surtout les Espagnols, dans le centre et le sud de l'Amérique.

Étoile polaire Etoile la plus brillante située au-dessus du pôle Nord ; grâce à elle, les premiers navigateurs de l'hémisphère Nord définissaient leur position en mer ; aussi appelée polaris.

Fusil à mèche Ancienne arme pourvue d'un mécanisme de mise à feu simple, déclenché en allumant une petite mèche. Utilisé par les premiers explorateurs, il fut remplacé par le fusil à pierre.

Indes Désigne à la fois les pays de l'océan Indien et ceux du continent américain. D'où le nom d'Amérindiens donné aux populations du continent américain d'avant l'arrivée de Colomb. Le mot Indes fut remplacé, à partir de 1507, par celui d'Amérique.

Jade Pierre dure dont la couleur varie du blanc olivâtre au vert sombre, très appréciée en Chine, où elle est symbole de pouvoir, au Mexique et en Amérique du Sud. Les jades chinois s'échangeaient sur la route de la soie. (Voir *Route de la soie.*)

Jonque Grand voilier d'Extrême-Orient à fond plat ; généralement utilisé pour le transport des marchandises.

Journal de bord Compte rendu d'une traversée en mer, qui mentionne généralement la direction tenue par le bateau, sa vitesse et la distance parcourue, et tout événement se produisant à bord comme les maladies des membres de l'équipage, les terres aperçues et les navires croisés. Colomb par exemple rédigea le récit de son premier voyage. L'original de ce journal a disparu, mais il nous en reste les larges extraits copiés par le dominicain Bartolomé de Las Casas au XVIe siècle.

Knorr Gros navire viking ayant un tirant d'eau plus important que le drakkar, qui sert au transport des passagers et des marchandises. (Voir *Drakkar.*)

Latitude Position à la surface de la terre par rapport à l'équateur ; se mesure en degrés par l'arc du méridien terrestre. Sur un globe, la latitude apparaît en lignes parallèles (lignes imaginaires tracées d'est en ouest). (Voir *Longitude.*)

La Niña Un des trois navires de Christophe Colomb dans sa première expédition, parti avec la Pinta et la Santa Maria. Après le naufrage de la Santa Maria, Christophe Colomb regagna l'Espagne à bord de la Niña.

La Santa Maria Caravelle du nord de l'Espagne qui a servi de vaisseau amiral à Christophe Colomb pour sa première expédition ; a fait naufrage au large de Haïti en 1492. (Voir *Caravelle.*)

Tête de cheval en jade

LE VITTORIA Un des cinq navires de l'expédition de Magellan à la recherche d'une route vers l'Asie par l'ouest (avec La Concepcion, Le San Antonio, Le Santiago et Le Trinidad). C'est le seul bateau qui termina le voyage et revint en Espagne.

L'ENDEAVOUR Bateau du capitaine James Cook dans son expédition à travers le Pacifique de 1768-1771. Equipé de six canons avec affût et de huit canons à pivot. Il fut détruit en 1793.

LE GOLDEN HINDE Bateau de Francis Drake qui fit le tour du globe (1577-1580).

LEST Matériau lourd comme des pierres ou du plomb, placé dans la cale d'un navire pour en assurer la stabilité.

La *Santa Maria*

LONGITUDE Position par rapport à l'est ou à l'ouest à la surface de la terre. Sur un globe, la longitude est représentée par des méridiens (lignes imaginaires tracées du nord au sud), qui divisent la terre en degrés. Elle se mesure à l'est ou à l'ouest du méridien de Greenwich, en Angleterre. Une longitude de quinze degrés équivaut à une heure. (Voir *Latitude.*)

MAGNÉTITE Oxyde de fer découvert par les Chinois il y a environ 2000 ans. Il fut utilisé par les premiers navigateurs car il pointe naturellement sur le nord. La magnétite sert aussi à magnétiser les aiguilles de compas. (Voir *Compas.*)

NAO Grand voilier de fort tonnage construit à l'origine pour le transport de marchandises, il a beaucoup servi aux explorateurs pour le transport des vivres et des munitions. Utilisé au XVIe siècle comme navire de commerce, de guerre et d'exploration, le galion l'a remplacé. En Europe du Nord, on appelait ces navires des caraques.

PASSAGE DU NORD-EST Passage entre le nord de l'Europe et l'Asie par l'Arctique. Le Suédois Adolf Erik Nordenskjöld l'a découvert lors d'une expédition scientifique en 1878-1879.

PASSAGE DU NORD-OUEST Route reliant l'Atlantique Nord au Pacifique par l'océan Arctique, au nord du continent américain, et le détroit de Béring. Amundsen fut le premier à le franchir entièrement à la voile de 1903 à 1906.

PORTULAN Carte marine avec le contour des côtes et la position des ports.

QUADRANT Instrument de navigation formant un arc de cercle avec un plomb attaché au bout d'un fil pour déterminer la position du soleil et des étoiles. Le navigateur aligne l'une des parties rigides du quadrant sur le soleil ou l'étoile polaire ; la position du fil à plomb lui indique approximativement la latitude du navire. (Voir *Etoile polaire.*)

QUARTIER DE DAVIS Instrument de navigation avec une barre transversale et deux arcs circulaires à chaque extrémité. Pour établir sa position, l'observateur se met dos au soleil afin que les rayons de l'astre traversent la mire de l'arc supérieur pour tomber sur l'arc se trouvant à l'extrémité de la baguette. Inventé par le capitaine John Davis en 1595 pour mesurer la latitude sans que l'observateur regarde le soleil. (Voir *Arbalète.*)

ROSE DES VENTS Etoile à 32 divisions (aires du vent), donnant les points cardinaux et collatéraux, représentés sur le cadran d'une boussole, sur les cartes marines.

SCORBUT Fléau des marins, cette maladie mortelle était due à une carence en vitamine C. Cook tenta de convaincre son équipage de se prémunir de cette maladie en mangeant de la choucroute.

SEXTANT Instrument de navigation inventé au XVIIIe siècle pour mesurer la latitude avec plus de précision. Le navigateur regarde par une lunette et déplace une barre jusqu'à ce que le soleil et l'horizon s'alignent dans de petits miroirs pour déterminer l'angle et faire le point.

Sextant

TIRANT D'EAU Profondeur à laquelle s'enfonce la coque du navire sous la surface de l'eau.

TOMBOUCTOU Fondée au XIe siècle par les Touaregs, elle devint un centre de commerce important entre le Soudan et le Maghreb ; sujet à bien des légendes pour les Européens (p.19).

TRAITÉ DE TORDESILLAS Traité signé en 1494, par lequel Espagnols et Portugais se partagèrent les terres découvertes ou à découvrir.

VÉLIN Parchemin de grande finesse préparé à partir de peaux de veau ou d'agneau finement lissées. Le vélin est coûteux, mais il retient mieux l'encre que le parchemin ordinaire, trop dur. Il convenait donc parfaitement aux cartes nécessaires pour partir en mer, qu'il fallait enrouler et dérouler sans arrêt. Le parchemin ordinaire servait aux documents reliés, comme un journal de bord. On trouvait plus facilement du vélin et du parchemin que du papier.

VOILE LATINE Voile de forme triangulaire hissée sur un mat court ; dite « latine » par les Européens du nord arrivant en Méditerranée.

Carte dessinée sur du vélin